EL TAROT ADIVINATORIO

PAPUS

Título original:
Le Tarot divinatoire
Traducción: Carlos Castillor
Maquetación y diseño de portada: Vanesa Diestre
Imágenes de portada Shutterstock: Astrologer (dorso de cartas de Tarot); Photology1971
(cartas de Tarot en la mesa)

Impreso en España / *Printed in Spain*
ISBN: 978-84-15215-31-8
Depósito legal: B 14029-2020

El Tarot Adivinatorio

Clave para echar las cartas y la suerte

Dr. Papus

Con la reconstrucción completa
de las 78 láminas del tarot egipcio
y su método de interpretación

Dibujos de Gabriel Goulinat

EDICIONES **ABRAXAS**

Índice

Introducción

El Tarot Adivinatorio

Los investigadores contemporáneos que estudian el ocultismo adoptan un cierto desdén por las artes adivinatorias.

Sin embargo, el estudio de temperamentos da lugar a notables descubrimientos médicos y la quiromancia proporciona datos relevantes sobre la fisiología del nervio gran simpático, que organiza la inscripción de las líneas grabadas en la piel. Aunque no hay fuente de investigaciones más fecunda que el estudio de los Tarots.

Tarot, Thora, Rota, Athor: este conjunto de láminas y números es, sin duda, una de las más auténticas obras maestras de la Iniciación antigua y su estudio ha tentado a numerosos investigadores.

Hace ya más de veinte años que hemos tenido la suerte de reencontrar la clave general de la construcción del Tarot, tal como fue indicada por Guillaume Postel y Éliphas Lévi. Hemos determinado dicha construcción respondiendo íntegramente al diseño de Postel y la hemos aplicado a su vez a los Arcanos menores.

Sobre este aspecto es necesario aclarar que la mayor parte de los escritores ocultistas modernos que se han ocupado del Tarot han demostrado siempre un profundo interés por los Arcanos mayores y un desinterés no menos profundo en lo concerniente a los Arcanos menores, de donde han salido nuestros juegos de cartas.

Asimismo, hay una gran cantidad de falsos sistemas de explicación del Tarot basados exclusivamente en los 22 Arcanos mayores, sin tener en cuenta los 56 Arcanos menores. Procedimiento inadmisible, ya que el Tarot es un todo maravilloso y el sistema que se aplica al cuerpo debe aplicarse a la cabeza, y recíprocamente.

Recordemos por consiguiente que los Arcanos menores son de suma importancia en el *Estudio del Tarot*, del mismo modo que las casas son fundamentales en el estudio de la Astrología.

En la Antigüedad, todo sistema físico de consulta de lo invisible se componía, en efecto, de dos partes: una parte fija, generalmente numeral o jeroglífica (casi siempre ambas cosas); y una parte móvil, la mayoría de las veces jeroglífica y numeral.

En la Astrología, la parte fija estaba indicada por el Zodíaco y las casas, y la parte móvil por los Planetas y sus aspectos. Los números estaban relacionados con cada sección y sus combinaciones, por adición o sustracción según los aspectos, configuraban la base de esta onomancia astrológica, en la actualidad casi íntegramente perdida.

El simple juego de la oca es una adaptación del Tarot, en la que la parte fija está constituida por números y jeroglíficos y sobre ella ruedan números móviles que producen los dados.

En el Tarot la parte fija está formada por las cuatro series de 14 Arcanos menores cada una: cuatro figuras (Rey, Reina, Caballo, Sota, que son la representación de los mayores en los menores) y diez números, que van del As al Diez, para cada palo.

El Tarot es susceptible de un gran número de aplicaciones: permite resolver, como el *Ars Magna* de Ramon Llull, que es una adaptación de él, los más grandes problemas de la filosofía. Aunque no es este aspecto el que interesa a las mujeres curiosas: el Tarot permite determinar ciertas leyes del azar que lo hacen aplicable a la adivinación. ¡Con el Tarot se puede «echar las cartas»!

Un escritor pretendidamente serio estudiando cómo se echan las cartas… ¡Qué horror! Pero ningún estudio puede ser un horror y nosotros hemos aprendido muchas cosas curiosas estudiando el Tarot adivinatorio. Por otra parte, también hemos hecho algunos descubrimientos que permitirán mayor precisión en el manejo del Tarot. Así es como, recorriendo la carrera ilustrada por Etteilla, investigador mal conocido, y por Mademoiselle Lenormand, vidente de genio, hemos podido determinar el Tiempo atribuido por el Antiguo Egipto a cada lámina, lo que permitirá a partir de ahora —a la buena echadora de cartas— predecir a qué hora de qué día existe la posibilidad de que el guapo hombre moreno encuentre a la bonita viuda rubia; aunque no era nada fácil encontrar precisión en ese laberinto de lo impreciso. Justamente es este el papel de los Arcanos menores en el Tarot: a los datos generales de los Arcanos mayores, los Arcanos menores aportan la parte fija y la noción de tiempo. Era este el papel que cumplían en la enseñanza antigua de la Astrología y es precisamente esta función la que desempeñan en el Tarot adivinatorio. Se puede incluso obtener mayor precisión con la utilización de una tabla numeral astrológica a la que nos referiremos más adelante.

PAPUS

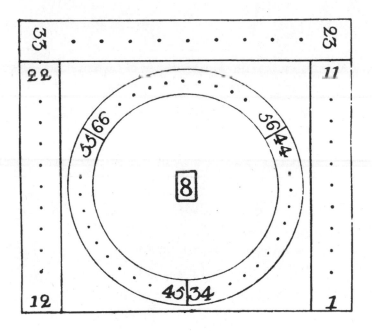

Ilustración correspondiente al 3er cuaderno de *Manière de se recréer avec le jeu de cartes nommées Tarots*, de Etteilla (Ámsterdam, 1783), cuyo facsímil se reproduce en la página siguiente.

MANIERE
DE SE RÉCRÉER

AVEC LE JEU DE CARTES

NOMMÉES TAROTS.

Pour servir de troisiéme Cahier à cet
Ouvrage.

PAR ETTEILLA.

A AMSTERDAM,

Et se trouve

A PARIS,

Chez { SEGAULT, Libraire, Quai de
Gévres.
LEGRAS, Libraire, Quai Conty,
à côté du petit Dunkerque.

1 7 8 3.

Reproducción de un raro documento de la época (1783)
(Biblioteca de Papus)

Capítulo I

Constitución del Tarot

El Tarot es, en apariencia, un juego de cartas, aunque en realidad es un antiquísimo libro jeroglífico originario de Egipto.

Los orígenes del Tarot y sus aplicaciones filosóficas se han tratado especialmente en otro volumen.[1]

Para una persona que vaya a utilizar el Tarot para la interpretación de lugares comunes del pasado, el presente y el futuro, estas consideraciones tienen poco valor. En el presente volumen vamos a exponer, tan claramente como sea posible, qué es el Tarot considerado únicamente desde el punto de vista adivinatorio.

El Tarot está compuesto por 78 cartas: 56 denominadas Arcanos menores y de las cuales derivan nuestras

---

1 *El Tarot de los Bohemios*, del autor.

cartas actuales, y otras 22 cartas, que no figuran actualmente en nuestras cartas, llamadas Arcanos mayores.

Los Arcanos menores comprenden cuatro palos: los bastos, las copas, las espadas y los oros.

Los bastos se han convertido en los tréboles de las cartas actuales, así como las copas en corazones, las espadas en picas y los oros en diamantes.

Cada uno de estos palos está constituido por 14 cartas: Rey, Reina, Caballo y Sota, que componen las cuatro figuras de cada palo (Rey de Bastos, Reina de Bastos, Caballo de Bastos, Sota de Bastos, etc.) y diez números que van del As al 10. De este modo tenemos 14 cartas para los bastos y otro tanto para las copas, las espadas y los oros, y que constituyen en su conjunto 56 cartas.

Además de los 56 Arcanos menores, cada uno de ellos con un sentido en la adivinación y que deben ser considerados tanto al derecho como al revés, hay 22 cartas que llamamos Arcanos mayores o grandes triunfos y que indican los grandes acontecimientos, aplicables tanto a los pueblos como a las sociedades y los individuos.

Los 22 Arcanos mayores deben ser estudiados en especial por aquellos que quieran conocer el Tarot, ya que, como hemos dicho, sus correspondientes no existen en los juegos de cartas actuales. Para facilitar su estudio se puede considerar que los Arcanos mayores están compuestos por tres series de siete cartas numeradas del 1 al 21 y una carta con número 0 que se halla entre la nº 20 y la nº 21, que se denomina El Loco.

En lo que concierne al sentido de estos Arcanos, estudiados durante largos años por Etteilla, el lector deberá remitirse a las figuras que se hallan al final de este libro y estudiar dichas figuras una por una.

Capítulo II

Las 78 láminas del Tarot
con todas sus correspondencias
(Dibujos de Gabriel Goulinat)

Arcanos mayores.

Los Arcanos mayores están dispuestos de la manera siguiente:

En el centro, la figura jeroglífica reconstituida a partir de los documentos más auténticos que hemos podido reunir y ordenar.

En la parte superior, el número correspondiente.

A la izquierda figuran las correspondencias de número y signo en distintos alfabetos. Estos alfabetos son: 1º el francés, 2º el hebreo, 3º el sánscrito, 4º el signo egipcio correspondiente y 5º el signo Watan que consta en el Arqueómetro de Saint-Yves d'Alveydre, por autorización especial de su autor.

Dichas correspondencias pueden ser de inestimable valor para los ocultistas de cualquier Escuela y para los estudiosos de las Ciencias Supremas.

En la parte inferior figura, en caracteres gruesos, el sentido tradicional de la lámina o figura. A continuación y debajo de él, están indicados los sentidos espiritual, moral o alquímico y físico. Este último es el que se utiliza en la adivinación. Para el Tarot adivinatorio basta entonces tener en cuenta el nombre que figura en el último término en la parte inferior de cada lámina.

Por último, a la derecha, se establecen las correspondencias astronómicas que permiten precisar el día o el mes.

Para mayor facilidad en el estudio de las láminas sugerimos al lector recortar las 78 láminas que se hallan al final del libro y pegarlas sobre cartón grueso de la misma medida de la lámina.

En las páginas siguientes se encontrará un ejemplo de los Arcanos mayores (Arcano 8) y un ejemplo de los Arcanos menores (Dos de Copas), en su versión en francés.

Al final del volumen se encuentran todas las cartas, para facilitar su estudio.

FRANCAIS

HÉBREU

SANSCRIT

EGYPTIEN

ARCHÉOMÈTRE
DE SAINT-YVES

LE CANCER
20 JUIN

LA JUSTICE
EQUILIBRE UNIVERSEL
RÉPARTITION
JUSTICE

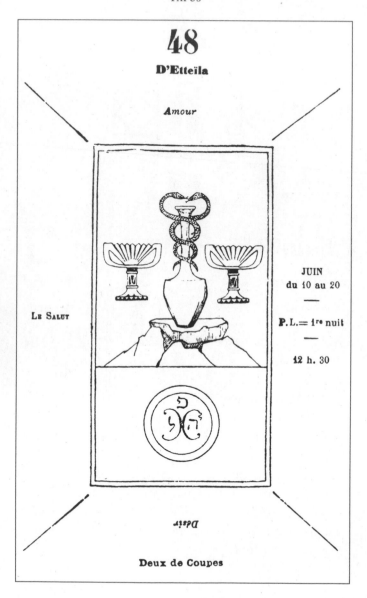

48

D'Etteïla

Amour

JUIN
du 10 au 20

—

P.L.= 1re nuit

—

12 h. 30

LE SALUT

Désir

Deux de Coupes

Capítulo III

TIRADA Y LECTURA DE LAS LÁMINAS
DEL TAROT

ARCANOS MAYORES

SIGNIFICACIÓN DESDE EL PUNTO DE VISTA ADIVINATORIO

Los Arcanos mayores están constituidos por 22 láminas simbólicas. Su significado es bastante fácil de recordar si se las considera una por una a medida que se vaya describiendo su significación.

Una regla general puede ayudar a memorizarlas: las siete primeras cartas indican principalmente la *parte intelectual* del hombre, las siete siguientes están referidas a la *parte moral* y por último las siete restantes señalan los diversos *acontecimientos de su vida material.* Dicho esto, podemos ya establecer el significado de las 22 láminas de nuestro Tarot:

1. El Mago   representa : El Consultante.
2. La Sacerdotisa   : La Consultante.
3. La Emperatriz   : Acción. Iniciativa.
4. El Emperador   : Voluntad.
5. El Sumo Sacerdote   : Inspiración.
6. Los Enamorados   : Amor.
7. El Carro   : Triunfo. Protección providencial.
8. La Justicia   : Justicia.
9. El Ermitaño   : Prudencia.
10. La Rueda de la Fortuna   : Fortuna. Destino.
11. La Fuerza   : Fuerza.
12. El Colgado   : Prueba. Sacrificio.
13. La Muerte   : Muerte.
14. La Templanza   : Templanza. Economía.
15. El Diablo   : Fuerza mayor. Enfermedad.
16. La Torre   : Ruina. Decepción.
17. La Estrella   : Esperanza.
18. La Luna   : Enemigos ocultos. Peligro.
19. El Sol   : Felicidad material. Matrimonio fecundo.
20. El Juicio   : Cambio de posición.
21. El Loco   : Arrebato. Locura.
22. El Mundo   : Triunfo seguro.

Base de aplicación de los datos precedentes.
Determinación de la suerte

A partir de ahora estamos en condiciones de abordar el Tarot desde el punto de vista adivinatorio.

Sin embargo, antes de abocarnos a ello, es preciso conocer el plan que deberá seguirse en la disposición de las cartas.

El conocimiento del significado de las láminas no es más que la primera parte del arte de la Cartomancia; el saber colocarlas es aún más importante. Tal como ya lo hemos dicho, habría que atenerse a los datos astronómicos y el Tarot no debería emplearse más que para representar las revoluciones astrales, fuente de acontecimientos futuros. Pero ese es el dominio de la Astrología y nosotros debemos circunscribirnos al que concierne a la tirada de los Tarots regidos por el azar. Sin embargo, queremos ofrecer el mayor número posible de elementos positivos. Basta con remitirse al comienzo de esta tercera parte (Clave de las aplicaciones del Tarot) para observar que la vida humana evoluciona a través de cuatro grandes períodos que se denominan:

Infancia
Juventud
Madurez
Vejez

Si no nos ocupamos de la vida humana y solo queremos observar la evolución *de un acontecimiento*, éste pasará igualmente por cuatro grandes fases evolutivas:

Comienzo
Apogeo
Declinación
Caída

Tendremos entonces que determinar, en primer lugar, en los sitios que van a ocupar las cartas, cuatro puntos opuestos en cruz, sobre los que pondremos luego las láminas que nos revelarán lo desconocido.

Tenemos así bien establecido la *determinación de los cuatro lugares que ocuparán las cartas*:

4
Apogeo
Juventud

1   3
Comienzo   Declinación
Infancia   Madurez

2
Caída
Vejez

Como puede observarse, la disposición de los puntos va de *izquierda a derecha*, tal como lo indica el orden de los números, mientras que los símbolos se leen de *derecha a izquierda*.

La vida humana o el Acontecimiento se mueve en tres períodos distintos:

Pasado

Presente

Futuro

Lo cual nos forma la nueva figura siguiente:

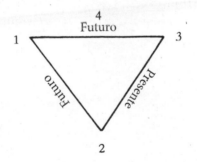

En el centro de la cual se encuentra el Consultante.

La disposición del triángulo sigue la marcha de las cifras y no la de los números.

No obstante, como cuatro puntos no son suficientes para reproducir exactamente la marcha del sol en el cielo, tomaremos para consultas más amplias del Tarot doce puntos, que corresponden a los doce meses del año. La figura precedente nos servirá para consultar el Tarot sobre pequeños acontecimientos. La disposición de las cartas para la consulta de los acontecimientos importantes de toda una vida ofrece la siguiente figura:

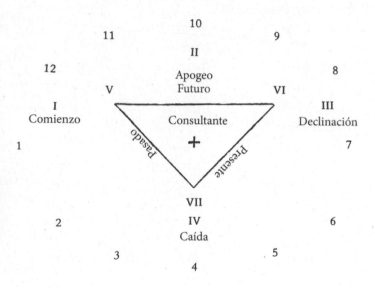

Esta figura, que es necesario estudiar bien, está compuesta por tres círculos:

1º Un círculo exterior formado por *doce casas,* que serán ocupadas por *los Arcanos menores.* Las casas están dispuestas, tal como lo indican los números, de *izquierda a derecha.*

2º Un círculo intermedio constituido por cuatro casas dispuestas de *derecha a izquierda.*

3º Un círculo central formado por el triángulo que contiene una casa en cada uno de sus vértices, lo que hace un total de tres casas.

Estas tres últimas casas y las cuatro precedentes serán ocupadas por *los Arcanos mayores.*

En el centro de la figura estará el Consultante o la Consultante.

Cómo echar el Tarot

I. Procedimiento rápido

Supongamos que se trata de efectuar el horóscopo para un asunto cualquiera. ¿Cómo debe hacerse?

1° Se toman los Arcanos menores y se separan todas las cartas del palo que corresponde al género de la consulta:

Si se trata de *un asunto a emprender*, se cogerán los bastos.

Si se trata de *un asunto amoroso,* deberán cogerse las copas.

Si es de *un asunto en curso* o de lucha cualquiera, hay que coger las espadas.

Si se consulta sobre *un asunto monetario,* se cogerán entonces los oros.

2° Se mezclan las cartas y seguidamente se hace cortar al Consultante.

3° Se toman las cuatro primeras cartas del mazo y se las dispone, sin mirarlas, en cruz, de izquierda a derecha como lo indican los números, de la manera siguiente:

$$4$$
$$1 \qquad\qquad 3$$
$$2$$

Se cogen entonces los Arcanos mayores (que deben estar siempre separados de los Arcanos menores), se los mezcla y se dispone a hacer cortar.

5º Luego se hace elegir, al azar, *siete cartas* entre estos Arcanos mayores al Consultante, que las entregará sin mirarlas a quien echa las cartas.

6º Se procede a mezclar estas siete cartas, se hace cortar al Consultante y luego se cogen las tres primeras del mazo y se las dispone, sin mirarlas, en triángulo y en este orden:

I   II

III

Con lo cual se obtiene la siguiente figura

4

Arcanos mayores

I   II

1   3

Arcanos menores

III

2

7º Se da la vuelta a las cartas para leer el significado de los oráculos, teniendo en cuenta que la carta que ocupa el nº 1 indica el *Comienzo*.

La que ocupa el nº 2 señala el *Apogeo*, la que ocupa el nº 3 indica los *Obstáculos* y la que ocupa el nº 4 señala la *Caída*.

El Arcano mayor que ocupa el I señala aquello que ha influido sobre el *Pasado* del asunto consultado.

El Arcano mayor en II indica lo que influye sobre el *Presente* del asunto.

El que ocupa el III señala lo que influirá *sobre el Futuro*, determinándolo.

Todo esto se hace muy rápido una vez que se ha practicado varias veces. Es importante hacer notar que, cuando se utiliza el procedimiento rápido, las figuras no representan exclusivamente personas de un determinado color de cabellos. El Rey representa a un hombre sin ninguna distinción, la Reina a una mujer, el Caballo a un hombre joven y la Sota a un niño.

II. Procedimiento ampliado

1º Se mezclan los Arcanos menores y se hace cortar.

2º Se toman las doce primeras cartas del mazo y se las dispone en círculo tal como sigue:

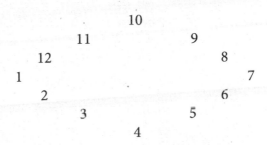

3º Se mezclan los Arcanos mayores y se hace cortar. Se precede luego a hacer elegir al Consultante *siete cartas*.

4º Se toman las cuatro primeras cartas del conjunto de estas siete cartas y se las dispone frente a las láminas colocadas en los números 1, 10, 7 y 4, de este modo:

5° Las tres restantes se colocan en triángulo en el centro de la figura de esta manera:

V   VI
      VII

Se obtiene así la figura general que ya hemos visto:

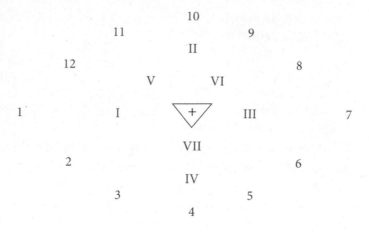

En el centro de la figura se coloca la carta que representa al Consultante, si no ha salido ya entre las cartas echadas. Si la carta que representa al o la Consultante ha salido, se coloca dicha carta en el centro y se la reemplaza por una nueva carta elegida por éste (o ésta) de entre los Arcanos mayores.

Los doce Arcanos indican las diferentes fases por las que atraviesa la vida del individuo o la evolución del acontecimiento durante los cuatro grandes períodos: *Comienzo*, indicado por el Arcano mayor en I, que muestra el carácter, *Apogeo* (Arcano en II), *Declinación u obstáculo* (Arcano III) y *Caída* (Arcano en IV).

Los tres Arcanos mayores colocados en el centro indican el carácter especial del horóscopo en el *Pasado* (V), en el *Presente* (VI) y en el *Futuro* (VII).

El futuro está indicado en los Arcanos menores por las láminas colocadas en los números del 7 al 12; el pasado por aquellas colocadas en los números del 1 al 4 y el presente por las que corresponden a los números del 4 al 7.

Todas estas cifras indican el número de los lugares ocupados por los Arcanos mismos. Es importante señalar esto, pues puede pensarse erróneamente que, por ejemplo, el Arcano VII debe corresponder al lugar numerado VII.

La explicación del significado de los Arcanos no ofrece dificultad después de haber leído las lecciones 2 y 3.

La práctica enseñará todos estos detalles mejor que cualquier teoría.

El Tarot

Modo de operar para obtener los oráculos[2]

I

La paloma.— Coger del mazo (siempre como lo hemos indicado) tantas cartas como letras tenga el nombre de la persona amada. Buscar luego en el mazo la carta del Consultante (Arcano XXII), así como la carta que debe representar a la persona amada (Sota, Reina o Rey); juntar estas dos cartas a las obtenidas precedentemente y extenderlas todas en semicírculo y boca abajo.

Lentamente, coger esas cartas al azar una por una y, dándoles la vuelta, colocarlas nuevamente, una por una, formando un semicírculo (siempre de izquierda a derecha).

Terminada la interpretación, se cogen las cartas, se mezclan y se procede a hacer tres montones: el primero corresponderá al Consultante o al corazón del Consultante, el segundo al corazón de la persona amada y el tercero corresponderá a lo imprevisto.

---

2 Reproducimos aquí un estudio que pertenece a *Le Tarot*, la excelente obra de Bourgeat.

II

El halcón. Se opera de la misma forma que en el caso anterior, pero en lugar de concernir a la persona amada esta forma se refiere al enemigo.

Se termina con los tres montones: el primero para el Consultante, el segundo para el enemigo, el tercero para lo imprevisto.

III

Las perlas de Isis.— Se separan siete cartas del mazo y se las cubre por otras siete formando una cruz. Las cartas se interpretan una después de otra.

Para terminar queremos señalar el método de las gitanas, que aquí se reproduce tal como ha sido extraído de un grimorio catalán.[3]

«Para adivinar con los naipes según el método de las Gitanas.

---

3 *El libro negro*, Manuel Sauri, editor, Barcelona. (Hemos mantenido el texto literalmente, salvo los errores evidentes. [T.])

Toma toda la baraja, y después de haberla bien barajado harás doce montones de cuatro naipes cada uno.

Reducirás al primer montón todas las cuestiones que conciernen a la vida del hombre, su constitución, su temperamento, su cuerpo, sus costumbres y la duración de su vida.

Al segundo montón: su fortuna o pobreza, sus posesiones, comercio y empresas.

Al tercer montón: sus asuntos de familia.

Al cuarto montón: los bienes inmuebles, las herencias, los tesoros ocultos y los beneficios que le esperan.

Al quinto montón: el amor, la preñez de las mujeres, el nacimiento, el sexo y número de los niños, las correspondencias amorosas y los robos domésticos.

Al sexto montón: las enfermedades, sus causas, su tratamiento y curación.

Al séptimo montón: el matrimonio y las enemistades.

Al octavo montón: la muerte.

Al noveno montón: las ciencias y las artes, los oficios y varias profesiones del hombre.

Al décimo montón: todo objeto que tenga relación con el gobierno y la administración del Estado.

Al undécimo montón: la amistad, la beneficencia y los sentimientos generosos.

Al duodécimo montón: los males, los pesares y las persecuciones de toda clase.

Para resolver una cuestión no basta un solo montón, sino que es preciso tomar tres para formar el trígono. Estos trígonos son en número de cuatro, a saber:

1	5	9
2	6	10
3	7	11
4	8	12

Supongamos por ejemplo que tu pregunta sea: ¿Tal persona es amada por tal otra?

Esta cuestión pertenece al quinto montón: lo tomas todo y colocas en fila los cuatro naipes.

Tomas en seguida la nona y colocas los naipes debajo de aquéllas.

Luego tomas la primera, y colocas los naipes en tercera línea.»

Interpretación de las 32 cartas
(Interpretación del célebre Moreau)

Los Reyes

Oros: militar; invertida: hombre de campo.

Copas: hombre de negocios rubio; invertida: hombre ardoroso.

Espadas: magistrado; invertida: hombre malo.

Bastos: hombre moreno, fidelidad; invertida: enfermedad de hombres.

Las Reinas

Oros: mujer traidora; invertida: mujer de campo.

Copas: buena mujer rubia; invertida: buena mujer.

Espadas: viuda; invertida: mujer mala.

Bastos: mujer de amor; invertida: indecisión.

Las Sotas

Oros: traidor; invertida: doméstico.

Copas: joven rubio; invertida: pensamientos del hombre rubio.

Espadas: traidor; invertida: enfermedad.

Bastos: hombre fiel; invertida: indecisión.

Los Ases

Oros: gran noticia; Invertida: carta, billete.
Copas: casa hospitalaria; invertida: casa de gente falsa.
Espadas: proceso, preñez; invertida: cosa de poca importancia.
Bastos: dinero; invertida: amores.

Los Nueves

Oros: ruta, viaje; invertida: retraso.
Copas: victoria o presente; invertida: gran victoria.
Espadas: muerte; invertida: prisión.
Bastos: dinero; invertida: vicisitudes.

Los Ochos

Oros: tentativa; invertida: la misma significación.
Copas: joven rubia; invertida: gran alegría.
Espadas: pena violenta; invertida: inquietud.
Bastos: declaración de amor; invertida: celos.

Los Sietes

Oros: querella; invertida: cotilleos.
Copas: niño rubio; invertida: niño.
Espadas: joven morena; invertida: cotilleos.
Bastos: niño moreno; invertida: bastardo.

Modo de echar las cartas por 15

Echar las cartas por 15, según el método francés, es generalmente la forma más empleada. Tomar un mazo de 32 cartas: después de haberlas mezclado bien, se corta si se opera para uno mismo, o se hace cortar, siempre con la mano izquierda. Luego se hacen dos montones de 16 cartas cada uno y se hace elegir uno de los dos. La carta de abajo se separa, ella representará la sorpresa. En seguida se colocan de izquierda a derecha las 15 cartas restantes, comprobando primero si la que representa al Consultante se encuentra entre ellas. Si esta carta no se encuentra entre las 15, será necesario volver a mezclar las 32 cartas y recomenzar la operación hasta que dicha carta se encuentre en el montón elegido.

Supongamos, por ejemplo, que habiendo echado las cartas, después de haberlas mezclado y cortado, en el montón elegido por el Consultante se encuentran las cartas siguientes:

As de Corazones seguido del Nueve de Tréboles, del Rey de Corazones, el Diez de Diamantes, el Nueve de Corazones y el As de Diamantes; las seis cartas en su conjunto señalan gran beneficio, gran triunfo comercial y solución de negocios. El Valet de Diamantes, la Dama de Picas, el As de Tréboles, el Nueve de Diamantes, el Siete de Tréboles, el Siete de Corazones y el Ocho de Tréboles como carta sorpresa indican sorpresa de un militar, campaña y gran beneficio.

Ya tenemos la primera solución.

Se vuelven a mezclar las 15 cartas, se hacen tres montones, dejando siempre una aparte, luego de haber hecho cortar. Esto se hace tres veces. Se coge entonces o la primera carta o la última, la cual se juntará con la que se ha reservado como carta sorpresa, y se pide al Consultante que indique un montón para él, uno para el hogar y otro para lo imprevisible. Se procede entonces a retirarlos uno tras otro, la interpretación se hará sucesivamente siguiendo el valor individual y el valor relativo de las cartas que la componen y se acabará por el montón que corresponde a la sorpresa.

Las cartas echadas por 21

Una vez barajadas las 32 cartas, se desechan las 11 primeras y luego se extienden las 21 restantes de izquierda a derecha; si el Consultante se encuentra entre ellas, se procede a la interpretación, si no es así hay que recomenzar la operación del mismo modo que se ha indicado para la tirada de 15 cartas. La única diferencia está en que los tres montones que corresponden al Consultante, su hogar y lo imprevisto, son cada uno de seis cartas mientras que el montón llamado la sorpresa está compuesto solo por tres.

Cómo echar las cartas por 3

Después de mezclar bien las cartas, se hace cortar al Consultante con la mano izquierda y se vuelven las cartas sucesivamente de tres en tres. Cada vez que entre las tres cartas aparezcan dos del mismo palo, se procede a separar la de mayor valor de las dos. Puede ocurrir que las tres cartas sean del mismo palo o del mismo valor (tres Reyes, tres Reinas, tres Ases, etc.), entonces se separan las tres cartas y se vuelven a barajar las restantes, se hace cortar y se vuelve a comenzar a echar de tres en tres, continuando hasta tener separadas 15 cartas (el Consultante debe hallarse entre ellas, sino hay que recomenzar hasta que aparezca); se toman estas 15 cartas y luego se opera con las restantes del mismo modo que hemos indicado en el método de echar las cartas por 15.

Cómo echar las cartas por 7

Este método difiere muy poco del anterior: una vez barajadas las cartas habiendo cortado, desechar las seis primeras dejando aparte la séptima. Se continúa así hasta terminar el mazo, recomenzando tres veces: tenemos así 12 cartas. Si el Consultante no está entre ellas se debe comenzar nuevamente la operación. La manera de interpretar es siempre la misma.

Las cartas echadas por 22
o Formación de la Gran Estrella

Supongamos que el Consultante es un hombre rubio, se lo representa entonces por el Rey de Corazones. Se toma dicha carta y se la coloca en la mesa vuelta hacia arriba. Se procede a barajar las 31 cartas restantes. Después de hacer cortar al Consultante se desechan las diez primeras cartas y se coloca la nº 11 atravesada bajo los pies del Rey de Corazones. Se hace cortar nuevamente al Consultante y se coloca la primera carta del mazo sobre la cabeza del Rey de Corazones (que en nuestro ejemplo representa al Consultante). Luego, operando siempre del mismo modo, se colocan sucesivamente todas las cartas en el orden que indican las cifras del cuadro de la página 57.

Como puede verse, las 21 cartas que rodean al Rey de Corazones de nuestro ejemplo son: As de Picas, As de Tréboles, As de Diamantes, Ocho de Corazones, Sota de Corazones, Reina de Picas, Reina de Tréboles, Ocho de Picas, Sota de Diamantes, Diez de Diamantes, Siete de Diamantes, Siete de Tréboles, Diez de Tréboles, Nueve de Picas, Rey de Picas, Ocho de Diamantes, Sota de Picas, Rey de Picas, Siete de Picas, Diez de Corazones y Siete de Diamantes. Las cartas salidas sucesivamente deberán colocarse del mismo modo.

Para la explicación se comenzará por el radio más alejado del centro, que es el nº 16, al que consideramos *punto de partida*, se sigue luego por el nº 14 y se interpretan juntas ambas cartas, explicándolas de dos en dos, siguiendo siempre las cifras que representan el radio más alejado del centro. Luego se continúa con las cartas del segundo radio, comenzando por la izquierda y avanzando hacia la derecha (Diez de Diamantes con Reina de Picas en nuestro ejemplo y así sucesivamente).

Se procede del mismo modo para explicar las cuatro cartas que forman los radios centrales (As de Diamantes con Ocho de Corazones, As de Picas con As de Tréboles).

Queda por interpretar la carta colocada a los pies del Rey de Corazones. Se la interpreta según la tabla de la significación individual de las cartas que hemos dado.

Método italiano

Aunque es el método menos utilizado de todos, es indispensable para quien se interesa verdaderamente por la Cartomancia. Quienes consultan las cartas solo por distracción pueden desconocerlo, pero no la persona que actúa con interés científico. El método italiano no difiere mucho del francés; la diferencia estriba en la manera de obtener las cartas, lo que se explicará a continuación.

Luego de haber barajado las cartas, se procede a cortar (teniendo siempre en cuenta que se corta con la mano izquierda).

Se da la vuelta a las cartas de tres en tres. Cada vez que entre esas cartas se encuentren dos del mismo palo hay que separar la de mayor valor. Si las tres son del mismo palo, se separan las tres. Si las tres cartas son de color diferente, no se separa ninguna. Se vuelven a barajar las cartas, exceptuando las que se han separado, se hace cortar y se recomienza a tirar por tres, hasta obtener 15 cartas, entre las que se debe hallar la que representa al Consultante. Si esta carta no estuviera entre ellas será necesario recomenzar hasta lograr que aparezca entre esas 15 cartas. Se extienden las 15 cartas de izquierda a derecha, con la cara hacia arriba. Se pasa a examinar el conjunto. Supongamos que el Consultante sea una mujer rubia representada por la Reina de Corazones y que las 15 cartas estén ordenadas así:

As de Diamantes
Ocho de Corazones
As de Picas
Reina de Tréboles
Ocho de Picas
Reina de Corazones
Sota de Diamantes
Ocho de Diamantes

Siete de Tréboles
Rey de Corazones
Nueve de Picas
Siete de Corazones
Ocho de Diamantes
Diez de Tréboles
Siete de Picas

Se examina primero el conjunto de todas estas cartas y luego, siguiendo la tabla de interpretación que hemos señalado anteriormente, explicaremos los dos Ases, las dos Reinas, los dos Dieces, los tres Ochos y los tres Sietes.

Luego hay que contar uno para la Reina de Picas (que representa a la Consultante), dos para la Sota de Diamantes, tres para el Ocho de Diamantes, cuatro para el Siete de Tréboles y cinco para el Rey de Corazones. Nos detenemos aquí y las interpretamos en su relación tal como se ha explicado para el método francés.

Recomenzamos luego contando uno para el Rey de Corazones, donde nos hemos detenido, y llegamos hasta el cinco, que es aquí el Diez de Tréboles. Luego continuamos de este modo de cinco en cinco y hacemos la interpretación sobre la quinta carta cuando este quinto lugar lo ocupe la carta que representa al Consultante.

Se toman luego las cartas de dos en dos, una a la izquierda y la otra a la derecha, y se interpretan como en el método francés.

Se barajan las cartas, se hace cortar y se forman cinco montones, las cartas boca abajo, poniendo sucesivamente una carta para el primer montón (que es el montón que pertenece el Consultante), una carta para el segundo montón (para la casa), una carta para el tercer montón (para lo que se espera) y una carta para el quinto montón (para la sorpresa). Se continúa de esta manera hasta la última carta, que se separará y que se denomina carta consuelo. Así resulta que el montón de la sorpresa se compone solo de dos cartas, mientras que los demás están compuestos por tres cartas.

Luego se vuelven los montones, uno tras otro, comenzando por el primero, y se interpretan según la tabla de interpretación.

EL TAROT ADIVINATORIO

OBSERVACIONES GENERALES

Como sería imposible dar las soluciones para cada
tirada de cartas, es preciso entonces aprender bien el
significado de las 32 cartas descrito en páginas anteriores
y consultar la manera ya descrita para tirar las cartas por
7, por 15 o por 21, o todas las maneras. De este modo
podrá uno hacerse su propio oráculo.

Cuando al tirar las cartas hallamos en el conjunto
de cartas que pertenecen al Consultante los cuatro Ases
junto a los cuatro Dieces, esto significa gran beneficio,
provecho para dichas personas, ya sea por juego de azar
o herencia. Las cuatro Reinas significa murmuraciones,
chismes contra esa persona. Las cuatro Sotas significan
disputa de hombres y batalla.

Si al tirar las cartas por 15 o por 21, la mayor parte
de ellas son cartas blancas, significa gran triunfo para
la persona que consulta. Si se encuentran entre ellas las
cinco cartas más bajas de Picas, dicha persona recibirá la noticia de la muerte de parientes o amigos. Si se
encuentran las cinco cartas bajas de Tréboles, significa ganancia de un proceso o de cualquier otra clase;
si se encuentran las cinco cartas bajas de Diamantes y
de Corazones, significa grandes noticias del campo y
de personas bienintencionadas que se interesan por el
honor del Consultante.

Si se consulta acerca de una separación de cuerpos
y de bienes, es preciso seguir el método de tirar por 21

cartas; si se encuentran los cuatro Nueves entre ellas, significa que la separación se llevará a cabo; si se encuentran las cuatro Reinas, eso significa que la separación no se realizará jamás.

Si se trata de celos bien fundados deberán encontrarse entre las quince cartas los siete Diamantes, si por el contrario los celos son infundados esto estará indicado por cinco Corazones junto con el Siete de Tréboles.

Si la consulta se refiere a una empresa posible, la concreción de la misma estará indicada por cuatro Ases y el Nueve de Corazones, si en cambio aparece el Nueve de Picas esto indica que la empresa no llegará a concretarse.

Si la consulta es sobre juegos de azar, al tirar por 21 deberán aparecer los ocho Tréboles, junto con los cuatro Ases y los cuatro Reyes, para ganar.

Si se quiere averiguar si un niño tendrá una buena vida y si conservará su patrimonio, los cuatro Ases indican bien asegurado y un matrimonio acorde a sus sentimientos. Si se trata de una chica, serán necesarios los cuatro Ochos y el Rey de Corazones para presagiar paz y concordia en su hogar.

Para saber cuánto tiempo tardará en casarse una persona: si son años, el Rey de Picas aparecerá junto a la Reina de Corazones, al As de Picas y al Ocho de Diamantes. Cada Ocho que aparezca indicará otros tantos años de retraso; cada Nueve indicará otros tantos meses; cada Seis otras tantas semanas.

Para averiguar si una persona podrá ascender dentro de la carrera militar, deberán aparecer los cuatro reyes junto con los cuatro Dieces; si también aparecen los cuatro Ases esa persona va a alcanzar la más alta graduación, según su capacidad.

Para consultar sobre un cambio de lugar o de fortuna las cartas que lo indican varían según la condición de la persona; si se trata de un patrón serán necesarias las cuatro Sotas, el Diez y el Ocho de Diamantes, el Diez de Tréboles para indicar triunfo en sus negocios; si aparece un Nueve de Diamantes, significa retraso. Si se trata de un doméstico, serán necesarios el Diez y el Siete de Diamantes, el Ocho de Picas y las cuatro Reinas para indicar triunfo en sus negocios.

Método original inédito, de Etteilla, para tirar el Tarot
(A partir de una de sus obras más extrañas)

Acabamos de exponer un método que es en gran parte personal. Como jamás hemos tenido la intención de acaparar el monopolio en el arte de la Cartomancia, dedicaremos algunas palabras al método del Gran Maestro: ¡Etteilla!

Etteilla, cuyo verdadero nombre era Aliette, era un joven peluquero que vivió en la época de la Revolución francesa. Al caer por azar un juego de Tarot en sus manos se sintió muy intrigado por él y se puso a estudiarlo con atención. Su estudio duró treinta años y al cabo de los cuales Etteilla creyó haber encontrado el secreto de ese libro egipcio. Lamentablemente Etteilla no poseía ningún dato sintético, lo cual le llevó a escribir ensoñaciones desprovistas de valor junto a resultados de intuición verdaderamente increíbles. Hay en la actualidad cierta tendencia a calumniar a este paciente trabajador, pero es necesario reconocer la gran parte de verdad que hay en su obra sin tener demasiado en cuenta las ingenuidades que pueden encontrarse en ella.

Sea como sea, Etteilla dedicó todos sus conocimientos a adivinar la buenaventura y, si hay que creer en sus contemporáneos, lo hizo maravillosamente bien. De este modo llegó a ser el dios de la Cartomancia futura.

Nos contentaremos con exponer su método en detalle, pues consideramos inútil hablar de sus sucesores, ya que no han hecho más que tergiversarlo sin comprenderlo.

Cuatro son los pasos necesarios para tirar el Tarot según su método:

Primer paso. Barajar todas las cartas del Tarot sin separar los Arcanos mayores y menores. Cortar y dividir el mazo en tres montones de 26 cartas[4] cada uno:

26   26   26

Coger el montón del medio, dejándolo aparte, a la derecha. Así:

26   26   26 apartado

Quedan así dos montones de 26 cartas cada uno. Mezclarlos, cortar y dividir en tres montones de 17 cartas cada uno:

17   17   17
1

---

4 Etteilla ha observado que el número 26 correspondía al nombre divino יהוה, cuya suma es:

$10 + 6 + 5 = 26$
iod hé vau hé

Nos queda entonces una carta por la que no nos preocuparemos por el momento. Se toma a continuación el montón del medio poniéndolo a la derecha junto al de 26 cartas que habíamos colocado, también a la derecha.

Así:

17   17   17   26 apartado

*

1

Se cogen las 35 cartas que nos han quedado, se las mezclan, se corta y se reparten en tres montones de 11 cartas cada uno:

11   11   11
                    2

Nos quedan dos cartas por las que no nos preocuparemos por el momento. Se coge el montón del medio y se coloca a la derecha junto a los otros dos montones que hemos reservado a la derecha:

11   11   11   17   26

*

2

Se hace ahora un solo montón con las 24 cartas que nos quedan a la izquierda. Se pasa entonces a explicar los oráculos.

* * *

Para determinarlo tomamos primero el montón de 26 cartas de los tres que hay a nuestra derecha y extendemos carta por carta sobre la mesa partiendo de derecha a izquierda. Así:

26.......... 1

Se coge entonces el montón de 17 cartas y se procede del mismo modo. Por último, hacemos lo mismo con el montón de 11 cartas. Obtenemos así la siguiente disposición:

Alma   26..................................... 1
Espíritu 17............................... 1
Cuerpo   11............................1
Montón de cartas
24

Se procede a explicar el significado de estas cartas, teniendo en cuenta que las 11 cartas de abajo se refieren al Cuerpo, las 17 centrales al Espíritu y las 26 primeras al Alma del Consultante.

De este modo de tirar las cartas Etteilla deduce consideraciones sutiles acerca de la creación del Mundo, la Cábala y la Piedra filosofal, algo sobre lo que no nos detendremos por el momento.

Segundo paso. Mezclar bien las 78 cartas del Tarot y cortar. Se cogen las 17 primeras cartas del mazo que se disponen de este modo:

17. 1

Observar atentamente la carta n° 18, que será la primera del mazo luego de haber dispuesto las primeras 17; y la n° 78, que será la última del mazo. Estas dos cartas nos indicarán por sus sentidos si se ha establecido la comunicación fluídica y simpática con el Consultante.

Se procede entonces a leer el oráculo de las 17 cartas comenzando, como siempre, por la derecha. Luego se coloca la carta n° 17 a la derecha y la n° 1 a la izquierda, luego la n° 16 y la n° 2 de la misma manera, y se continúa de ese modo hasta acabar con las cartas. Llegamos así a la carta del medio. Esta carta se deja de lado.*

---

* Quizá no hayamos comprendido bien a Etteilla, que es muy oscuro en sus libros y que tratamos de hacer entender lo mejor posible, pero esta última operación nos parece totalmente inútil.

Tercer paso. Se vuelven a coger todas las cartas. Se mezclan bien y se corta. Luego se las dispone tal como muestra la siguiente figura, siguiendo el orden de los números:

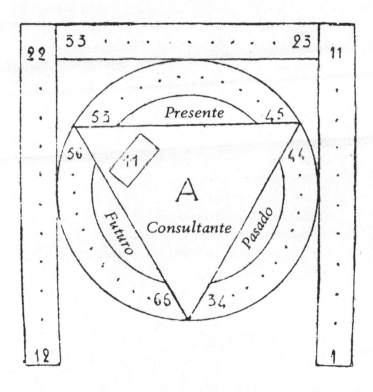

Véase igualmente, en la pág. 13, la figura tomada del libro de Etteilla (Ámsterdam, 1783).

Se obtiene así la gran figura de Etteilla, que proporciona la clave del pasado, presente y futuro del Consultante.

Para servirse bien de este método es preciso tener bien memorizada esta figura. Es muy conveniente dibujarla con todos los números sobre una gran plancha o cartón, y disponer sobre ella las cartas siguiendo el orden de los números.

Para interpretar hay que volver las cartas de dos en dos: la 1 con la 34, la 2 con la 35, etc. para el Pasado.

La 23 con la 43, la 24 con la 46... la 33 con la 55 para el Presente.

La 12 con la 66, la 13 con la 65... la 22 con la 56 para el Futuro.

Un estudio del cuadro permitirá comprender perfectamente todo esto.

Cuarto paso. Este último paso es subsidiario. Sirve para responder a posibles preguntas. Para ello se mezclan todas las cartas, se corta y se sacan las primeras siete del mazo:

$$7 \ldots \ldots \ldots \ldots 1$$

y se procede a leer la respuesta.

Este es el modo de tirar las cartas según Etteilla. Hemos resumido en algunas páginas un librito, oscuro en muchos puntos, de este autor: *El Libro de Thoth*. Esta obra, que incluye un retrato de Etteilla, es muy extraña, así como todas las obras del autor. Su método original no ha sido dilucidado seriamente por ninguno de sus discípulos, que son numerosos. Creemos que somos los primeros en exponerlo sobre principios tan simples.

En el Capítulo VII se encontrará un complemento de este método con nuevas aclaraciones.

14
Nueve de Picas

10
Diez de Diamantes

8
Reina de Tréboles

2
Ocho de Corazones

16
Ocho de
Diamantes

9
Sota de
Diamantes

7
Ocho de Picas

18
Rey de Picas

Consultante
(Rey de Corazones)

19
Siete de Picas

3
As de Picas

4
As de Tréboles

20
Diez de
Corazones

21
(Atravesado)
Siete de Diamantes

15
Rey de Picas

5
Reina de Picas

11
Siete de
Diamantes

13
Diez de Tréboles

1
As de Diamantes

6
Sota de Corazones

12
Siete de Tréboles

17
Sota de Picas

Capítulo IV

Relaciones entre los Arcanos

Leer las enseñanzas del Tarot figura por figura es como tocar el piano con un dedo y nota por nota.

La verdadera lectura del Tarot deriva del conocimiento de las relaciones, es decir, de la influencia que ejercen las cartas unas sobre otras.

Es precisamente esta ciencia de las relaciones lo que distingue la vieja Cartomancia que opera desde antiguo de la persona que echa las cartas para entretenerse.

Hay miles de significados diferentes determinados por las relaciones de dos, tres o cuatro cartas en los cuatro palos. Como se comprenderá, es imposible dar aquí todos esos significados. Ofreceremos solo algunos conocimientos prácticos y citaremos los casos más frecuentes.

Los antiguos tenían por costumbre combinar la ciencia de las relaciones con la de los números.

Por ejemplo, la relación entre el Arcano Mayor 10 con el Diez de Bastos y el Caballo de Copas daba como resultado:

10.   nº del Arcano mayor
26.   nº del Diez de Bastos según Etteilla
<u>38.</u>   nº del Caballo de Copas
74

El total es 74. Sumando las cifras que componen este número (7 y 4), se obtiene el nº 11, Arcano de la fuerza moral que otorga significado a la relación de esas cartas.

Significado de la relación entre dos cartas en el conjunto del juego

(Las cartas marcadas por un asterisco (*)
son las cartas invertidas)

As* y Diez de Copas: sorpresa en el hogar.
Siete de Copas y Bastos: piensa usted en el dinero.
Siete de Copas* y Diez de Oros: tendrá usted oro.
Diez de Bastos y Espadas*: pérdida de dinero.
Diez de Espada y Bastos*: dinero durante la tarde.
Ocho de Oros y As de Bastos*: regalo en oro.
As de Copas y Sota de Oros: es usted esperado.
Sota de Copas y As de Espadas*: inquietud por un
asunto político.
As de Espadas y Siete de Espadas*: proceso.
Sota de Espadas y As de Espadas: segundo matri-
monio.
Reina de Espadas y Ocho de Copas: una mujer rubia
y viuda.
As de Bastos y Siete de Copas*: mucho dinero.
Sota de Oros* y Siete de Espadas: algo que usted
espera.
Reina de Oros* y Rey: hombre extranjero.
As de Espadas* y Reina de Bastos: injusticia.
Rey de Copas* y As: salón de baile.
As de Bastos junto a un Diez: suma de dinero.
Rey de Copas* y el As de Copas*: casa de préstamos.

Siete de Oros y Reina*: querella, disputa.

Reina de Copas* y Rey de Oros: matrimonio impedido.

Rey y Nueve de Espadas*: acusación injusta.

Rey y Reina de Copas: ancianos respetables.

Ocho y As de Bastos: declaración amorosa.

Sota y Reina de Oros: doméstica.

Diez de Oros y Ocho de Copas*: viaje inesperado.

Rey y As de Copas*: bolsa de Comercio.

Rey y Reina de Bastos: esposo.

Siete de Copas y Diez de Espadas*: pérdida de un objeto pequeño.

Diez de Espadas y Siete de Copas*: sorpresa, impresión.

Reina de Bastos y Siete de Oros*: discusión.

Ocho de Oros y Ocho de Bastos: campo alejado.

Diez de Espadas y la carta nº1: llorar de celos.

Ocho de Oros y Ocho de Espadas: indisposición grave.

As de Bastos* y Diez de Espadas*: celos de amor.

Ocho de Oros y Siete de Espadas*: salida al campo indecisa.

As de Copas y Diez de Oros: golpe.

Rey* y As de Copas: juegos de azar.

As de Bastos* y Diez de Copas: sorpresa de amor.

Siete de Espadas y As de Bastos*: presente de amistad.

As de Copas y Siete de Oros: propósitos en el hogar.

Ocho de Oros y Siete de Copas*: proyectar un intento.

Diez de Bastos y Copas: sorpresa de dinero.

Significado parcial de las 32 cartas

Los Reyes

Oros: amistad, matrimonio. Invertida: habrá muchas dificultades.

Copas: hombre responsable e inclinado a servir al Consultante. Invertida: lo contrario.

Espadas: magistrado con el que se mantendrá algún asunto. Invertida: perder un proceso, molestia en sus asuntos.

Bastos: persona justa que le protegerá. Invertida: mala suerte, logro incierto.

Las Reinas

Oros: mujer rubia de campo que se ocupa de criticar al Consultante. Invertida: avidez, falsedad, perjuicio.

Copas: mujer honesta y sacrificada que prestará algún servicio. Invertida: impedimento de matrimonio para la Consultante.

Espadas: mujer afligida, viuda o impedida en sus asuntos. Invertida: grandes y malos asuntos. Si quien consulta es un joven ella será traicionada por aquel que ama.

Bastos: mujer morena rival; junto a una carta masculina: fidelidad; junto a otra Reina, que se interesa por la persona que consulta. Invertida: deseo, celos, infidelidad.

Las Sotas

Oros. militar, cartero que trae noticias. Invertida: noticias desfavorables a lo que consulta.

Copas: militar que aparecerá pronto o bien, que prestará grandes servicios, al cual estará ligado. Tiene la misma significación si aparece a izquierda o derecha.

Espadas: mal sujeto, moreno de malos hábitos; hombre falto de delicadeza que se burla de cosas santas. Invertida: el mismo sujeto que vencerá los obstáculos que se oponen a sus proyectos.

Bastos: joven enamorado que busca a una muchacha: si está al lado de una Reina denota triunfo, si está junto a una carta masculina indica que alguien hablará por él; junto a una Sota de Copas señala que tiene un rival peligroso. Invertida: oposición de los padres de ese joven al matrimonio.

Los Ases

Oros: cartas y noticias en breve. Invertida: noticias tristes.

Copas: alegría, contento; acompañado de figuras: festines, libaciones. Invertida: el placer anunciado vendrá acompañado de penas.

Espadas: ventajas obtenidas por la fuerza, conquista, triunfo en amor, pasión violenta. Invertida: la misma significación con resultados lamentables. Si está seguido de un Diez o un Nueve significa muerte, grandes penas, traición de personas íntimas y también robo.

Bastos: carta que anuncia dinero, fortuna próxima, herencia, sucesos o asuntos financieros. Invertida: alegría empañada por algunas nubes; seguido del As de Oros y del Siete de Bastos, ganancia, provecho, gran triunfo en los negocios, entrada de dinero, prosperidad comercial.

Los Dieces

Oros: gran alegría, cambio de lugar.

Copas: alegría, contento; si está seguido de muchas figuras significa una persona que se ocupará de nuestros intereses.

Espadas: seguido de un As y de un Rey significa prisión; para una mujer, significa traición de amigos.

Bastos: ganancia, prosperidad, triunfo en cualquier asunto, pero si está seguido por el Nueve de Espadas significa fracaso. Si se tiene un proceso, indica pérdida segura.

LOS NUEVES

Oros: pequeño retraso, que no molesta en nada a los asuntos del Consultante.

Copas: concordia y contento para el Consultante.

Espadas: retraso y falta en algunos asuntos; seguido del Nueve de Oros o del As de Bastos indica que se recibirá dinero pero con retraso.

LOS OCHOS

Oros: joven bien situado en el comercio que se interesa por la persona que consulta.

Copas: si la persona que consulta está casada significa que sus hijos se inclinarán instintivamente hacia las
buenas acciones. Si la persona es soltera significa que
triunfará totalmente en sus asuntos.

Espadas: una persona que dará una mala noticia, si
está seguido por un Siete de Oros. Si aparece junto a una
figura cualquiera significa lágrimas, discordia, pérdida
de empleo o reputación.

Bastos: intentos por dinero o negocios, grandes esperanzas, felicidad asegurada.

LOS SIETES

Oros: buenas noticias, sobre todo si está cerca del Nueve de Bastos y el As de Oros. Gran triunfo en juegos de azar.

Copas: si la Consultante es una joven significa que cuando se case tendrá hijas. Si se trata de un joven, indica que se casará con una mujer honesta.

Espadas: querella, tormento para la persona representada por la carta siguiente, salvo que esté junto a algunas cartas de copas, lo que indicará seguridad, independencia y libramiento de toda pena.

Bastos: debilidad de amor si sigue a la carta que representa a la persona que consulta. Si está seguida por un Siete de Oros y el Nueve de Bastos, denota abundancia de bienes y herencia de parientes lejanos.

Cuando se encuentra relacionado con muchas cartas del mismo valor como dos, tres o cuatro Reyes, Reinas o Sotas, etc., Etteilla les da la significación siguiente.

SI SE ENCUENTRAN A LA DERECHA

4 Reyes: Grandes honores.
3 Reyes: Consulta.
2 Reyes: Pequeño consejo.

4 Reinas: Grandes consultas.
3 Reinas: Engaño de mujeres
2 Reinas: Amiga.

4 Sotas: Enfermedad contagiosa.
3 Sotas: Disputa.
2 Sotas: Inquietud

4 Ases: Juego de azar.
3 Ases: Pequeño logro.
2 Ases: Engaño.

4 Dieces: Reincidente.
3 Dieces: Nuevo estado.
2 Dieces: Cambio

4 Nueves: Buen ciudadano.
3 Nueves: Gran logro.
2 Nueves: Cantidad pequeña de dinero
4 Ochos: Reveses.
3 Ochos: Matrimonio.
2 Ochos: Nuevo conocimiento.

4 Sietes: Intriga.
3 Sietes: Enfermedad.
2 Sietes: Noticia de poca importancia.

Si se encuentran a la izquierda

4 Reyes: Celeridad. Rapidez.
3 Reyes: Comercio.
2 Reyes: Proyecto.

4 Reinas: Mala sociedad.
3 Reinas: Gula.
2 Reinas: Sociedad.

4 Sotas: Privación.
3 Sotas: Pereza.
2 Sotas: Obrero, obra.
4 Ases: Deshonor.
3 Ases: Libertinaje.
2 Ases: Enemigo.

4 Dieces: Acontecimiento.
3 Dieces: Falta.
2 Dieces: Espera.

4 Nueves: Usura.
3 Nueves: Imprudencia.
2 Nueves: Provecho.

4 Ochos: Error.
3 Ochos: Espectáculo.
2 Ochos: Obstáculo.

4 Sietes: Mal ciudadano.
3 Sietes: Alegría.
2 Sietes: Mujer pública.

Tres Reyes

1. Rey de Copas.
2. Rey de Oros.
3. Rey de Bastos.

De un estado de infelicidad el Consultante pasará a uno que será muy feliz: poseerá bienes, honores e inmensas riquezas.

1. Rey de Copas.
2. Rey de Oros.
3. Rey de Espadas.

Pese a todos los esfuerzos que haga el Consultante para conseguir una fortuna más brillante, no avanzará nada.
1. Rey de Copas.
2. Rey de Bastos.
3. Rey de Oros.

Gracias a su talento el Consultante cambiará de estado y prosperará en honores y riqueza.

1. Rey de Copas.
2. Rey de Bastos.
3. Rey de Espadas

Su sucesión volverá afortunado al Consultante y lo hará feliz.

1. Rey de Copas.
2. Rey de Espadas.
3. Rey de Bastos.

La muerte de un niño hará cambiar de estado a la persona por el bien que recibirá de este acontecimiento.

1. Rey de Copas.
2. Rey de Espadas.
3. Rey de Oros.

La traición de amigos destruirá sus esperanzas en un momento inesperado, lo que afectará a su fortuna.

1. Rey de Bastos.
2. Rey de Oros.
3. Rey de Copas.

El Consultante recibirá un bien que había sido quitado a sus padres. Esa restitución le hará cambiar de estado, aportándole una considerable fortuna.

1. Rey de Bastos.
2. Rey de Oros.
3. Rey de Espadas.

El Consultante tendrá que restituir un bien del que goza sin que le pertenezca, lo que afectará mucho a su estado actual.

1. Rey de Bastos.
2. Rey de Espadas.
3. Rey de Copas.

El Consultante encontrará un tesoro escondido y esto le reportará fortuna y felicidad.

1. Rey de Bastos.
2. Rey de Espadas.
3. Rey de Oros.

El Consultante perderá algunos bienes a causa de un incendio, lo que cambiará su estado por un tiempo, pero con la paciencia y el trabajo recuperará su riqueza.

1. Rey de Bastos.
2. Rey de Copas.
3. Rey de Oros.

Por favores merecidos, el Consultante se elevará por encima de ese estado, cambiando así de fortuna. Las recompensas que obtendrá le ocasionarán muchos celos.

1. Rey de Bastos.
2. Rey de Copas.
3. Rey de Espadas.

El Consultante será querido por amigos fieles y bienhechores, que le procurarán un feliz matrimonio.

1. Rey de Oros.
2. Rey de Copas.
3. Rey de Bastos.

Servicios de buenos parientes o amigos bienhechores elevarán a la persona a un estado honorable y lucrativo.

1. Rey de Oros.
2. Rey de Copas.
3. Rey de Espadas.
El Consultante ganará en un juego de azar un bien considerable.

1. Rey de Oros.
2. Rey de Bastos.
3. Rey de Copas.

El Consultante tendrá ocasión de prestar un servicio bastante importante a alguien de posición elevada; este, en agradecimiento, le proveerá de un medio de reclamar su protección sobre un servicio que le dará felicidad por el resto de su vida.

El Consultante alcanzará la prosperidad gracias a la ayuda de parientes y amigos.

1. Rey de Oros.
2. Rey de Espadas.
3. Rey de Copas.

El Consultante sufrirá desgracias por haber hablado demasiado contra una persona importante.

1. Rey de Oros.
2. Rey de Espadas.
3. Rey de Bastos.

Por haber confiado demasiado en sus negocios, en lugar de esperar el bien, el Consultante recibirá la mortificación causada por los celos y la traición.

1. Rey de Espadas.
2. Rey de Copas.
3. Rey de Bastos.

El Consultante tratará de un asunto amoroso en el que le va el honor y el interés, que logrará a su favor por la ayuda de sus amigos.

1. Rey de Espadas.
2. Rey de Copas.
3. Rey de Oros.

El Consultante será atacado en su persona y en sus bienes. Un hombre valiente y bienhechor parará los golpes librándolo de desafortunados acontecimientos.

1. Rey de Espadas.
2. Rey de Bastos.
3. Rey de Copas.

El Consultante recibirá un regalo por parte de parientes o bienhechores en reconocimiento a su fidelidad.

1. Rey de Espadas.
2. Rey de Bastos.
3. Rey de Oros.

La persona que consulta habrá de tener un amigo en el que depositará toda su confianza y sobre el que no tendrá sospecha que le robará todas sus joyas y dinero.

1. Rey de Espadas.
2. Rey de Oros.
3. Rey de Copas.

El Consultante triunfará sobre dos enemigos gracias a sabios consejos. Por la modestia con que acompañará su victoria, tendrá la admiración de personas honestas.

1. Rey de Espadas.
2. Rey de Oros.
3. Rey de Bastos.

El Consultante sufrirá enfermedades estomacales a causa del agua.

Todas las explicaciones están definidas sin tener en cuenta los lugares o los números donde estarán colocados los tres Reyas o las Iomudos, en el orden precedentemente indicado. Lo mismo sucede con las relaciones que siguen a continuación.

Tres Reinas

1. Reina de Copas.
2. Reina de Oros.
3. Reina de Bastos.

La persona será siempre feliz a causa de las empresas que llevarán a cabo sus parientes cercanos en lo que concierne a los asuntos de su hogar.

1. Reina de Copas.
2. Reina de Oros.
3. Reina de Espadas.

La persona será mal recompensada por sus parientes. También hará bien no pidiéndoles dinero.

1. Reina de Copas.
2. Reina de Bastos.
3. Reina de Oros.

La persona encontrará en sus parientes cercanos todas las ayudas imaginables; será amada y querida.

1. Reina de Copas.
2. Reina de Bastos.
3. Reina de Espadas.

La persona será amada por sus parientes aliados (cuñados y sobrinos). En el futuro recibirá toda clase de bienes

1. Reina de Copas.
2. Reina de Espadas.
3. Reina de Bastos.

Reunión de parientes o amigos para acabar un asunto en beneficio del Consultante, lo que asegurará un próspero estado.

1. Reina de Copas.
2. Reina de Espadas.
3. Reina de Oros.

Reunión de parientes o falsos amigos para dañar el porvenir de la persona: destruirán con intrigas un asunto que contribuiría a su felicidad. La persona lo descubrirá seis meses después.

1. Reina de Bastos.
2. Reina de Oros.
3. Reina de Copas.

Las atenciones y gentilezas que el Consultante tendrá con una persona rica y de edad le serán bien pagadas.

1. Reina de Bastos.
2. Reina de Oros.
3. Reina de Espadas.

El descuido que mostrará el Consultante por un pariente o amigo antiguo, ya sea por orgullo o falta de complacencia, le ocasionarán un daño considerable.

1. Reina de Bastos.
2. Reina de Espadas.
3. Reina de Copas.

Al morir un amigo dejará al Consultante, por donación o testamento, todos sus bienes.

1. Reina de Bastos.
2. Reina de Espadas.
3. Reina de Oros.

Amigos traidores causarán un gran desastre en la fortuna de la persona, pero al cabo de dos años acabarán sus penas y su estado mejorará cada vez más hasta su muerte.

1. Reina de Bastos.
2. Reina de Copas.
3. Reina de Oros.

Reunión de parientes, amigos y superiores en pro del bienestar de la persona, de la que obtendrá honor y provecho

1. Reina de Bastos.
2. Reina de Copas.
3. Reina de Espadas.

La persona se ligará estrechamente con una persona y esta unión sentimental le proporcionará su felicidad.

1. Reina de Oros.
2. Reina de Copas.
3. Reina de Bastos.

El Consultante, por su espíritu, se ganará la estima y el afecto de personas y esto le reportará felicidad.

1. Reina de Oros.
2. Reina de Copas.
3. Reina de Espadas.

El Consultante hallará en un lugar secreto una suma de dinero escondido que contribuirá a su fortuna.

1. Reina de Oros.
2. Reina de Bastos.
3. Reina de Copas.

Gracias al consejo de un amigo, y por su afición a las ciencias, el Consultante podrá salir de los límites que se ha impuesto y por trabajo y condición obtendrá un premio que le proporcionará fortuna.

1. Reina de Oros.
2. Reina de Bastos.
3. Reina de Espadas.

Debido a su obstinación la persona perderá a dos amigos que eran un obstáculo a su fortuna en una empresa que ellos habrían llevado a cabo.

1. Reina de Oros.
2. Reina de Espadas.
3. Reina de Copas.

Por debilidad y por creer en un falso amigo, la persona se ganará el desprecio de las personas a causa de sus caprichos y su obstinación en querer aferrarse a sus ideas.

1. Reina de Oros.
2. Reina de Espadas.
3. Reina de Bastos.

La persona se desviará de la vía de la justicia y hará infelices a otros.

1. Reina de Espadas.
2. Reina de Copas.
3. Reina de Bastos.

Verdaderos amigos, por pura amistad, ayudarán al Consultante a triunfar en todas sus empresas.

1. Reina de Espadas.
2. Reina de Copas.
3. Reina de Oros.

La persona oirá indiferente los sabios consejos de otros, lo que le llevará a cometer faltas considerables que le costarán muchas lágrimas.

1. Reina de Espadas.
2. Reina de Bastos.
3. Reina de Copas.

Por méritos propios, el Consultante se ganará la amistad de personas virtuosas que le procurarán felicidad.

1. Reina de Espadas.
2. Reina de Bastos.
3. Reina de Oros.

Por negligencia en sus asuntos personales, el Consultante dará ocasión de que sospeche de su virtud y probidad.

1. Reina de Espadas.
2. Reina de Oros.
3. Reina de Copas.

Aburrido de su bienestar y por su espíritu turbulento, el Consultante será castigado y durante algunos años perderá la estima pública. Sin embargo, cambiará de conducta y recuperará así la consideración y fortuna perdidas.

1. Reina de Espadas.
2. Reina de Oros.
3. Reina de Bastos.

Amar sin ser correspondido ocasionará perjuicio al Consultante. Recibirá bien solo por la fuerza de su espíritu.

Tres Sotas

1. Sota de Copas.
2. Sota de Oros.
3. Sota de Bastos.

Pese a los infames procedimientos de un enemigo, la persona ganará un proceso del que depende su felicidad.

1. Sota de Copas.
2. Sota de Bastos.
3. Sota de Oros.

La persona pondrá en orden asuntos de grandes consecuencias a despecho de envidias de amigos o parientes. Acabados dichos asuntos disfrutará de una vida dulce y agradable.

1. Sota de Copas.
2. Sota de Bastos.
3. Sota de Oros.

La persona llevará a cabo empresas que tendrán feliz fin y le depararán una posición floreciente.

1. Sota de Copas.
2. Sota de Espadas.
3. Sota de Bastos.

La equidad de la causa y las poderosas protecciones con que contará harán ganar un proceso al Consultante.

1. Sota de Copas.
2. Sota de Espadas.
3. Sota de Oros.

Rivales y enemigos, a fuerza de regalos, harán perder su causa al Consultante, lo que dañará considerablemente su fortuna y tranquilidad.

1. Sota de Bastos.
2. Sota de Oros.
3. Sota de Copas.

La persona recibirá en herencia una gran pensión con la que podrá vivir cómodamente el resto de su vida.

1. Sota de Bastos.
2. Sota de Oros.
3. Sota de Espadas.

A causa de falsos amigos la persona perderá un bien considerable.

1. Sota de Bastos.
2. Sota de Espadas.
3. Sota de Copas.

Inesperadamente, el Consultante ganará el corazón de una rica heredera en contra de los deseos de sus parientes, y esto le reportará felicidad.

1. Sota de Bastos.
2. Sota de Espadas.
3. Sota de Oros.

La persona perderá en el juego una fuerte suma por encima de sus posibilidades, lo que ocasionará la pérdida de su crédito público.

1. Sota de Bastos.
2. Sota de Copas.
3. Sota de Oros.

La herencia de un pariente extranjero hará la felicidad del Consultante.

1. Sota de Bastos.
2. Sota de Copas.
3. Sota de Espadas.

El Consultante recibirá en herencia todos los bienes muebles de un pariente o amigo.

1. Sota de Oros.
2. Sota de Copas.
3. Sota de Bastos.

Gracias a su buena conducta, la persona contraerá un matrimonio ventajoso. Si está casada, será muy feliz en su matrimonio.

1. Sota de Oros.
2. Sota de Copas.
3. Sota de Espadas.

Por seguir el consejo de falsos amigos, la persona perderá todo el fruto de largos años de trabajo. En un sentido más general indica una advertencia para que el Consultante esté en guardia.

1. Sota de Oros.
2. Sota de Bastos.
3. Sota de Copas.

El Consultante triunfará tanto en el amor como en todos sus proyectos.

1. Sota de Oros.
2. Sota de Bastos.
3. Sota de Espadas.

La indiscreción del Consultante y la envidia de otros harán fracasar sus empresas.

1. Sota de Oros.
2. Sota de Espadas.
3. Sota de Copas.

La persona no tendrá suerte en sus viajes por agua.

1. Sota de Oros.
2. Sota de Espadas.
3. Sota de Bastos.

Por una injusticia, bastante reconocida en él, el Consultante intentará obtener por la fuerza algo ilegítimo. Ello le ocasionará disgustos y gastos considerables, y no obtendrá más que confusión.

1. Sota de Espadas.
2. Sota de Copas.
3. Sota de Bastos.

La persona reencontrará en el extranjero a un amigo ladrón que le restituirá, con gasto, el bien que le había robado.

1. Sota de Espadas.
2. Sota de Copas.
3. Sota de Oros.

La persona sufrirá dos bancarrotas.

1. Sota de Espadas.
2. Sota de Bastos.
3. Sota de Copas.

La persona recibirá en regalos joyas de gran valor.

1. Sota de Espadas.
2. Sota de Bastos.
3. Sota de Oros.

La persona perderá en la calle una joya de gran valor.

1. Sota de Espadas.
2. Sota de Oros.
3. Sota de Copas.

Por imprudencia, la persona perderá su cartera con dinero, lo que le ocasionará un perjuicio considerable.

1. Sota de Espadas.
2. Sota de Oros.
3. Sota de Bastos.

La persona perderá por algún tiempo la amistad de un protector, lo que acarreará un gran daño.

Los tres Dieces

1. Diez de Copas
2. Diez de Oros.
3. Diez de Bastos.

Con ayuda de parientes y amigos triunfará en un importante asunto.

1. Diez de Copas.
2. Diez de Oros.
3. Diez de Espadas.

Envidias y enemistades harán fracasar un asunto que repercutirá con perjuicio en su fortuna.

1. Diez de Copas.
2. Diez de Bastos.
3. Diez de Oros.

Pese a las envidias, emprenderá una empresa que le hará ganar una suma considerable.

1. Diez de Copas.
2. Diez de Bastos.
3. Diez de Espadas.

Ganará mucho dinero en la lotería.

1. Diez de Copas.
2. Diez de Espadas.
3. Diez Bastos.

Ganará un proceso o una posición gracias a su talento o una gran suma de dinero en el comercio que contribuirá a su fortuna. La situación de la persona decidirá cuál de las tres cosas le sucederá.

1. Diez de Copas.
2. Diez de Espadas.
3. Diez de Oros.
Por confiar en amigos perderá una parte considerable de sus bienes.

1. Diez de Bastos.
2. Diez de Oros.
3. Diez de Copas.

La persona encontrará, a pesar de los celos, un bien o un lugar del cual había sido privada.

1. Diez de Bastos
2. Diez de Oros.
3. Diez de Espadas.

La persona no logrará sus empresas o posiciones, aunque las había solicitado justamente durante largo tiempo.

1. Diez de Bastos.
2. Diez de Espadas.
3. Diez de Copas.

Con la ayuda de parientes o amigos logrará un matrimonio muy ventajoso.

1. Diez de Bastos.
2. Diez de Espadas.
3. Diez de Oros.

Odios y envidias privarán a la persona de un matrimonio afortunado o de una posición sólida.

1. Diez de Bastos.
2. Diez de Copas.
3. Diez de Oros.

La persona encontrará un objeto de valor.

1. Diez de Bastos.
2. Diez de Copas.
3. Diez de Espadas.

Un pariente o un falso amigo le devolverá poco antes de morir un bien a consecuencia del cual le había hecho daño.

1. Diez de Oros.
2. Diez de Copas.
3. Diez de Bastos.

En el término de dos años y dos meses recibirá, por la muerte de un amigo, una sucesión.

1. Diez de Oros.
2. Diez de Copas.
3. Diez de Espadas.

Será obligado a pagar una deuda que no había contraído por condena o consejo de un amigo.
1. Diez de Oros.
2. Diez de Bastos.
3. Diez de Copas.

En el curso de esta tirada de cartas recibirá noticias y la restitución de un bien que no esperaba, lo cual le causará gran alegría.

1. Diez de Oros.
2. Diez de Bastos.
3. Diez de Espadas.

Durante muchos años estará preocupado por asuntos motivados por la infidelidad de amigos o parientes.

1. Diez de Oros.
2. Diez de Espadas.
3. Diez de Copas.

Una injusticia flagrante causará a la persona un abatimiento enfermizo y prolongado de sus fuerzas físicas y morales.

1. Diez de Oros.
2. Diez de Espadas.
3. Diez de Bastos.

Un asunto de familia le causará gran pena.

1. Diez de Espadas.
2. Diez de Copas.
3. Diez de Bastos.

Tendrá hijos que harán su vida feliz.

1. Diez de Espadas.
2. Diez de Copas.
3. Diez de Oros.

Por hablar sinceramente y con demasiada confianza antes de tiempo, perderá un asunto que le habría reportado felicidad.

1. Diez de Espadas.
2. Diez de Bastos.
3. Diez de Copas.

Con poco dinero, pero únicamente por su trabajo, logrará su felicidad a través de un asunto que llevará a cabo.

1. Diez de Espadas.
2. Diez de Bastos.
3. Diez de Oros.

Hará un viaje por mar que no será beneficioso en relación a su indiscreción acerca del estado de sus negocios.

1. Diez de Espadas.
2. Diez de Oros.
3. Diez de Copas.

El poco conocimiento acerca de un asunto que osará emprender le hará perder sus bienes y reputación.

1. Diez de Espadas.
2. Diez de Oros.
3. Diez de Bastos.

Gozando de un gran bien con toda confianza, inesperadamente será privado de él por causa de enemistades y envidias.

Tres Nueves

1. Nueve de Copas.
2. Nueve de Oros.
3. Nueve de Bastos.

A pesar de celos y envidias, gracias a su talento y trabajo ganará en un país extranjero los medios para vivir por el resto de sus días.

1. Nueve de Copas.
2. Nueve de Oros.
3. Nueve de Espadas.

Será engañado y le robarán la mayor parte de sus bienes.

1. Nueve de Copas.
2. Nueve de Bastos.
3. Nueve de Oros.

Recibirá del extranjero noticias referentes a bienes que le abrirán el camino a la felicidad.

1. Nueve de Copas.
2. Nueve de Bastos.
3. Nueve de Espadas.

En el extranjero obtendrá fortuna y honor.

1. Nueve de Copas.
2. Nueve de Espadas.
3. Nueve de Bastos.

Un pariente que morirá en el extranjero le dejará en herencia un bien considerable.

1. Nueve de Copas.
2. Nueve de Espadas.
3. Nueve de Oros.

En un país extranjero será elevado a los más altos cargos y dignidades. Será en ese país cruelmente engañado, pero la injusticia le hará perseverar hasta el fin de sus días.

1. Nueve de Bastos.
2. Nueve de Oros.
3. Nueve de Copas.

Encontrará en un país extranjero una persona rica pero muy infeliz a quien le hará recobrar la felicidad perdida.

1. Nueve de Bastos.
2. Nueve de Oros.
3. Nueve de Espadas.

Será engañado por dos extranjeros.

1. Nueve de Bastos.
2. Nueve de Espadas.
3. Nueve de Copas.

En un país extranjero ganará una suma considerable en la lotería.

1. Nueve de Bastos.
2. Nueve de Espadas.
3. Nueve de Oros.

Criados extranjeros le robarán bienes y dinero.

1. Nueve de Bastos.
2. Nueve de Copas.
3. Nueve de Oros.

La persona, en el momento que tenga menos, descubrirá un secreto de valor por su utilidad.

1. Nueve de Bastos.
2. Nueve de Copas.
3. Nueve de Espadas.

La gran vitalidad de la persona le hará perder un objeto preciado que luego lamentará.

1. Nueve de Oros.
2. Nueve de Copas.
3. Nueve de Bastos.

En el extranjero hará una fortuna que le dará felicidad por el resto de su vida.

1. Nueve de Oros.
2. Nueve de Copas.
3. Nueve de Espadas.

En el extranjero se ganará la admiración de alguien importante que le reportará felicidad.

1. Nueve de Oros.
2. Nueve de Bastos.
3. Nueve de Copas.

Obtendrá bienes y herencia en un país extranjero.

1. Nueve de Oros.
2. Nueve de Bastos.
3. Nueve de Espadas.

Por infidelidad de una persona de confianza perderá rentas o herencias.

1. Nueve de Oros.
2. Nueve de Espadas.
3. Nueve de Copas

Sufrirá una pérdida a causa del fuego.

1. Nueve de Oros.
2. Nueve de Espadas.
3. Nueve de Bastos.

A causa del agua perderá muchos bienes pero recuperará su fortuna en el plazo de cuatro años.

1. Nueve de Espadas.
2. Nueve de Copas.
3. Nueve de Bastos.

La muerte de varios parientes cambiará para bien su suerte súbitamente.

1. Nueve de Espadas.
2. Nueve de Copas.
3. Nueve de Oros.

Muerte y enfermedades causarán un cambio de fortuna a la persona, quien para reparar esas pérdidas viajará al extranjero.

1. Nueve de Espadas.
2. Nueve de Bastos.
3. Nueve de Copas.

Dos personas muy ricas y de gran crédito contribuirán a su fortuna.

1. Nueve de Espadas.
2. Nueve de Bastos.
3. Nueve de Oros.

Su inconstancia en el amor y su confianza mal depositada le harán perder una considerable posición.

1. Nueve de Espadas.
2. Nueve de Oros.
3. Nueve de Copas.

Deberá responder por dos amigos, siendo obligado a pagar por ellos.

1. Nueve de Espadas.
2. Nueve de Oros.
3. Nueve de Bastos.

Su ligereza de carácter y su inexperiencia le harán perder un proceso en el extranjero.

Tres Ochos

1. Ocho de Copas.
2. Ocho de Oros.
3. Ocho de Bastos.

Larga vida y prosperidad inesperada.

1. Ocho de Copas.
2. Ocho de Oros.
3. Ocho de Espadas.

Larga vida y prosperidad lograda.

1. Ocho de Copas.
2. Ocho de Bastos.
3. Ocho de Oros.

Larga vida. Gran consideración y honores que le distinguirán.

1. Ocho de Copas.
2. Ocho de Bastos.
3. Ocho de Espadas.

Triunfará sobre sus enemigos y vivirá feliz por el resto de sus días.

1. Ocho de Copas.
2. Ocho de Espadas.
3. Ocho de Bastos.

Ayuda de parientes o amigos.

1. Ocho de Copas.
2. Ocho de Espadas.
3. Ocho de Oros.

Su talento le ocasionará envidias.

1. Ocho de Bastos.
2. Ocho de Oros.
3. Ocho de Copas.

Soportará indiferentemente odios y envidias que intentarán vejar la posición honorable y lucrativa que posee.

1. Ocho de Bastos.
2. Ocho de Oros.
3. Ocho de Espadas.

En alguna ocasión su vida se verá turbada por falsos parientes o amigos.

1. Ocho de Bastos.
2. Ocho de Espadas.
3. Ocho de Copas.

Vivirá mucho tiempo y obtendrá herencias.

1. Ocho de Bastos.
2. Ocho de Espadas.
3. Ocho de Oros.

Su ambición hará retrasar sus asuntos.

1. Ocho de Bastos.
2. Ocho de Copas.
3. Ocho de Oros.

Obtendrá felices acontecimientos, ya sea en la guerra, en el amor o en empresas azarosas.

1. Ocho de Bastos.
2. Ocho de Copas.
3. Ocho de Espadas.

Triunfará en sus asuntos o empresas.

1. Ocho de Oros.
2. Ocho de Copas.
3. Ocho de Bastos.

Se casará con una joven de cuna.

1. Ocho de Oros.
2. Ocho de Copas.
3. Ocho de Espadas.

Larga vida en discordancia de sociedad.

1. Ocho de Oros.
2. Ocho de Bastos.
3. Ocho de Copas.

Obtendrá felicidad en sociedad y en el comercio, tanto por mar como por tierra.

10 pt1. Ocho de Oros.
2. Ocho de Bastos.
3. Ocho de Espadas.

Tendrá una vida tranquila y apacible durante cierto tiempo, pero pronto será dañada por mala conducta.

1. Ocho de Bastos.
2. Ocho de Espadas.
3. Ocho de Copas.

Tendrá carácter y valor para sortear las trampas que le tienden personas traidoras.

1. Ocho de Oros.
2. Ocho de Espadas.
3. Ocho de Bastos.

Disfrutará de buena salud y de mucho placer en la vida. Todas sus empresas prosperarán y verá aumentar su fortuna.

1. Ocho de Espadas.
2. Ocho de Copas.
3. Ocho de Bastos.

Tanto su justicia como su talento le harán ser amado o amada por quienes le traten.

1. Ocho de Espadas.
2. Ocho de Copas.
3. Ocho de Oros.

Tendrá placeres de corazón y de espíritu.

1. Ocho de Espadas.
2. Ocho de Bastos.
3. Ocho de Copas.

Larga espera y larga vida de esperanza que será al fin felizmente coronada.

1. Ocho de Espadas.
2. Ocho de Bastos.
3. Ocho de Oros.

Larga vida, aunque poco deseada a causa de las enfermedades que turbarán su vejez.

1. Ocho de Espadas.
2. Ocho de Oros.
3. Ocho de Copas.

Disfrutará por largo tiempo de placeres y satisfacción de los sentidos con consecuencias peligrosas.

1. Ocho de Espadas.
2. Ocho de Oros.
3. Ocho de Bastos.

La traición no podrá dañarle. La muerte de un pariente le otorgará la felicidad.

Los tres Sietes

1. Siete de Copas.
2. Siete de Oros.
3. Siete de Bastos.

Mal de amores que tendrá final feliz.

1. Siete de Copas.
2. Siete de Oros.
3. Siete de Espadas.

Sus celos de amor serán curados con amistad y cuidados.

1. Siete de Copas.
2. Siete de Bastos.
3. Siete de Oros.

El odio y los celos le enfermarán, pero la enfermedad durará poco.

1. Siete de Copas.
2. Siete de Bastos.
3. Siete de Espadas.

Disfrutará mucho tiempo del fruto de su trabajo. Una corta enfermedad pondrá fin a sus días.

1. Siete de Copas.
2. Siete de Espadas.
3. Siete de Bastos.

Obtendrá la estima y el corazón de una persona bienhechora que le hará disfrutar de una vida agradable. La protección de un personaje importante le favorecerá en todos sus actos.

1. Siete de Copas.
2. Siete de Espadas.
3. Siete de Oros.

La ambición de poseer muchos bienes le hará arrepentirse.

1. Siete de Bastos.
2. Siete de Oros.
3. Siete de Espadas.

Será herido sirviendo a su patrón o maestro, quien le otorgará una pensión para indemnizarle.

1. Siete de Bastos.
2. Siete de Oros.
3. Siete de Copas.

Por servir a amigos que le pagarán con la más negra ingratitud, descuidará sus propios asuntos.

1. Siete de Bastos.
2. Siete de Espadas.
3. Siete de Copas,

Dos fieles amigos o parientes le salvarán del naufragio de sus bienes.

1. Siete de Bastos.
2. Siete de Espadas.
3. Siete de Oros.

Obtendrá ganancia a causa del fuego. Esta ganancia dependerá de la situación de la persona.

1. Siete de Bastos.
2. Siete de Copas.
3. Siete de Oros.

Un perro le salvará la vida, defendiéndole de sus asesinos.

1. Siete de Bastos.
2. Siete de Copas.
3. Siete de Espadas.

Un amigo le socorrerá con su dinero de un revés de la fortuna.

1. Siete de Oros.
2. Siete de Copas.
3. Siete de Bastos.

Después de luchar durante mucho tiempo contra la miseria causada por envidias, logrará una posición que le hará feliz.

1. Siete de Oros.
2. Siete de Copas.
3. Siete de Espadas.

Antes de casarse sufrirá grandes penas.

1. Siete de Oros.
2. Siete de Bastos.
3. Siete de Copas.

Un embarazo le causará una gran inquietud.

1. Siete de Oros.
2. Siete de Espadas.
3. Siete de Copas.

Sufrirá por la debilidad y el mal de amores.

1. Siete de Oros.
2. Siete de Espadas.
3. Siete de Bastos.

Enfermará a consecuencia de una bancarrota.

1. Siete de Espadas.
2. Siete de Copas.
3. Siete de Bastos.

Después de un gran sufrimiento obtendrá lo que desea.

1. Siete de Espadas.
2. Siete de Copas.
3. Siete de Oros.

Después de mucho tiempo de padecer, obtendrá los favores que desea.

1. Siete de Espadas.
2. Siete de Bastos.
3. Siete de Copas.

Por medio del dinero y con la ayuda de amigos obtendrá satisfacción y prosperidad en sus esfuerzos y trabajos.

1. Siete de Espadas.
2. Siete de Bastos.
3. Siete de Oros.

Estará mucho tiempo sin trabajo a causa de la infidelidad de dos pretendidos amigos.

1. Siete de Espadas.
2. Siete de Oros.
3. Siete de Copas.

La infidelidad de varios amigos le harán perder dinero en juegos de azar.

1. Siete de Espadas.
2. Siete de Oros.
3. Siete de Bastos.

No ganará nunca en juegos de lotería, a excepción de una sola oportunidad en que ganará una suma discreta.

Tres Doses

1. Dos de Copas.
2. Dos de Oros.
3. Dos de Bastos.

Reunión de parientes o amigos bienhechores para ayudarle en una empresa en la que triunfará.

1. Dos de Copas.
2. Dos de Oros.
3. Dos de Espadas.

Reunión de falsos amigos o parientes que lamentablemente le traicionarán. No obstante, obtendrá satisfacción de ello.

1. Dos de Copas.
2. Dos de Bastos.
3. Dos de Oros.

Será traicionado por un amigo que creía fiel. El tiempo y la paciencia le resarcirán.

1. Dos de Copas.
2. Dos de Bastos.
3. Dos de Espadas.

Con ayuda de alguien importante y de un amigo podrá vengarse de un enemigo.

1. Dos de Copas.
2. Dos de Espadas.
3. Dos de Bastos.

Con la ayuda de un amigo fiel se le abrirá un camino en un trabajo que satisfacerá su ambición.

1. Dos de Copas.
2. Dos de Espadas.
3. Dos de Oros.

Gracias a un amigo descubrirá la envidia de un pariente; por ello, será perseguido por la sociedad.

1. Dos de Bastos.
2. Dos de Oros.
3. Dos de Copas.

Con ayuda de un amigo recuperará el interés y la protección de una persona importante que había perdido a causa de falsedades tramadas por una persona envidiosa de su felicidad.

1. Dos de Bastos.
2. Dos de Oros.
3. Dos de Espadas.

Se dejará perseguir por aduladores que lo llevarán a cometer injusticias contra dos parientes o amigos.

1. Dos de Bastos.
2. Dos de Espadas.
3. Dos de Copas.

Un amigo muy fiel le descubrirá por bondad un asunto criminal tramado en su contra por la ambición de dos falsos amigos, que intentarán despojarle. No lo lograrán, pues será advertido a tiempo.

1. Dos de Bastos.
2. Dos de Espadas.
3. Dos de Oros.

En una reunión un amigo tomará partido por la persona, haciéndole triunfar contra el mal proceder de parientes, amigos, enemigos y envidias.

1. Dos de Bastos.
2. Dos de Copas.
3. Dos de Oros

La sinceridad de un amigo le descubrirá la envidia de otro que hasta ese momento consideraba como íntimo y con su ayuda podrá alejarlo de su vida.

1. Dos de Bastos.
2. Dos de Copas.
3. Dos de Espadas.

Descubrirá la falta de un amigo en quien depositaba toda su confianza.

1. Dos de Oros.
2. Dos de Copas.
3. Dos de Bastos.

Triunfará sobre la envidia y sus consecuencias sobre la posición que tiene.

1. Dos de Oros.
2. Dos de Copas.
3. Dos de Espadas.

Odios y envidias le harán perder una parte de sus empleos, comercio o bienes.

1. Dos de Oros.
2. Dos de Bastos.
3. Dos de Copas.

Recuperará la confianza de parientes o amigos y esta reconciliación le reportará beneficio por parte de ellos.

1. Dos de Oros.
2. Dos de Bastos.
3. Dos de Espadas.

Personas a las que prestará servicio le traicionarán, haciéndole perder a un amigo fiel y bienhechor.

1. Dos de Oros.
2. Dos de Espadas.
3. Dos de Copas.

Sufrirá el daño de una parte de sus bienes, lo que causará dolor. Pero logrará reparar esos daños con la protección con la que será distinguido.

1. Dos de Oros.
2. Dos de Espadas.
3. Dos de Bastos.

La envidia lo convertirá en enemigo de su mejor amigo, de lo que tendrá ocasión de arrepentirse.

1. Dos de Espadas.
2. Dos de Copas.
3. Dos de Bastos.

Gracias a un amigo recobrará una deuda que le había ocasionado quiebra.

1. Dos de Espadas.
2. Dos de Copas.
3. Dos de Oros.

Perderá un bien que habrá confiado a una persona de su confianza, lo que le provocará un considerable perjuicio.

1. Dos de Espadas.
2. Dos de Bastos.
3. Dos de Copas.

La persona obtendrá dinero y bienes por herencia de parientes avaros.

1. Dos de Espadas.
2. Dos de Bastos.
3. Dos de Oros.

Castigándole por su insolencia se desmerecerá su reputación delante de un amigo que tomará su defensa.

1. Dos de Espadas.
2. Dos de Oros.
3. Dos de Copas.

Personas envidiosas lo mortificarán en una reunión.

1. Dos de Espadas.
2. Dos de Oros.
3. Dos de Bastos.

Criados de confianza le robarán objetos de gran valor.

Tres Ases

1. As de Copas.
2. As de Oros.
3. As de Bastos.

Ganará la estima y confianza de un personaje importante, que le hará aumentar su fortuna.

1. As de Copas.
2. As de Oros.
3. As de Espadas.

Será engañado por un amigo de confianza, que se enriquecerá a sus expensas.

1. As de Copas.
2. As de Bastos.
3. As de Oros.

Descubrirá una traición premeditada por falsos amigos. Eso le permitirá ser conocido por sus superiores, que despreciarán a los traidores y en el futuro le honrarán con su confianza.

1. As de Copas.
2. As de Bastos.
3. As de Espadas.

Un nacimiento le ocasionará alegría y prosperidad económica.

1. As de Copas.
2. As de Espadas.
3. As de Bastos.

Por obra del azar la estima de un soberano le volverá rico y respetable.

1. As de Copas.
2. As de Espadas.
3. As de Oros.

Un golpe de suerte, en un jardín o en un bosque, le deparará agradables días durante su vida.

1. As de Bastos.
2. As de Oros.
3. As de Copas.

Obtendrá muchas cosas favorables con la ayuda de verdaderos amigos.

1. As de Bastos.
2. As de Oros.
3. As de Espadas.

No será feliz ni en el amor ni en la amistad.

1. As de Bastos.
2. As de Espadas.
3. As de Copas.

Será querido por todos aquellos que le frecuenten y obtendrá beneficio de ello.

1. As de Bastos.
2. As de Espadas.
3. As de Oros.

Prestará dinero sin ningún interés y se lo pagarán con ingratitud.

1. As de Bastos.
2. As de Copas.
3. As de Oros.

Ganará una inmensa fortuna en la lotería.

1. As de Bastos.
2. As de Copas.
3. As de Espadas.

Conquistará el corazón de una persona joven. Gracias a ello obtendrá alegría y una ayuda esencial en caso de extrema necesidad.

1. As de Oros.
2. As de Copas.
3. As de Bastos.

Una herencia en dinero y gran cantidad de efectos volverán fructíferas sus empresas.

1. As de Oros.
2. As de Copas.
3. As de Espadas.

Será atormentado por parientes o asociados por interés y envidia.

1. As de Oros.
2. As de Bastos.
3. As de Copas.

Recibirá honor y justicia por sus méritos; sus buenas acciones le seguirán reportando fortuna y honores de toda clase.

1. As de Oros.
2. As de Bastos.
3. As de Espadas.

La sincera amistad de una mujer causará fuego en su hogar y un amigo fiel lo preservará de este accidente.

1. As de Oros.
2. As de Espadas.
3. As de Copas.

La ingratitud y los intereses de pretendidos amigos harán infructuosos sus trabajos durante algún tiempo, pero el valor y la paciencia lo harán triunfar.

1. As de Oros.
2. As de Espadas.
3. As de Bastos.

Agradables noticias de una herencia de la que había sido privado.

1. As de Espadas.
2. As de Copas.
3. As de Bastos.

Solicitará con éxito un mejor estado del que tiene.

1. As de Espadas.
2. As de Copas.
3. As de Oros.

Confiará en dos personas, que lo engañarán respecto a una gran parte de los bienes que les ha confiado.

1. As de Espadas.
2. As de Bastos.
3. As de Copas.

Le resarcirán de una injusticia que le ha causado gran pena. Esta satisfacción, junto con una ganancia considerable, le compensarán considerablemente.

1. As de Espadas.
2. As de Bastos.
3. As de Oros.

Las consecuencias de falsas relaciones le causarán grandes penas.

1. As de Espadas.
2. As de Oros.
3. As de Copas.

Su carácter bondadoso y protector hará felices a otros por encima de sus esperanzas. La mayoría le pagarán con ingratitud.

1. As de Espadas.
2. As de Oros.
3. As de Bastos.

Su talento, mérito y servicios prestados le ocasionarán envidias y sufrirá por ello. Pero la razón y la justicia acabarán imponiéndose.

Capítulo V

Tanto el echador de cartas que quiere conocer todos
los secretos del Tarot como el filósofo que quiere inves-
tigar ese viejo libro de las Ciencias primitivas deben
recordar que la combinación de los jeroglíficos y de los
números ofrece preciosas indicaciones. Para ello aconse-
jamos reproducir en un formato mayor la tabla siguiente.
Dicha tabla representa los tres aspectos de cada una de
las 12 casas astrológicas.

Un Arcano que caiga en una de esas 36 casas adquiere
nuevos significados, que pueden resultar muy valiosos
en caso de dudas. Un estudio profundizado de la Cartomancia debe hacer uso de esta tabla astrológica.

Mademoiselle Lenormand la utilizó mucho en sus estudios. Pero su tabla era cuadrada y no presentaba las relaciones del duodenario como los egipcios que nosotros hemos reconstruido aquí en su forma primitiva.

Sin embargo, como algunos autores suelen copiar las investigaciones de autores originales sin citar la fuente, hemos dejado en esta tabla un ligero error que no menguará en nada el sentido adivinatorio, pero que permitirá descubrir prontamente a cualquier plagiario.

Número 1, llamado «proyecto»

Cuando una carta se encuentra colocada en el n° 1 significa acontecimiento feliz en sus proyectos. Las tres cartas que la acompañan indican más ampliamente los acontecimientos consultándolos de forma separada.

Una carta de bastos en el n° 1, donde está escrito *proyecto*, denotará que personas fieles trabajarán para llevar a cabo los proyectos.

Una carta de oros en el n° 1 anunciará grandes dificultades en sus asuntos causados por la envidia. Las cartas que acompañan a la colocada en el n° 1 indicarán las causas del retraso o fracaso.

Una carta de espadas en el mismo número significará traición y malos augurios.

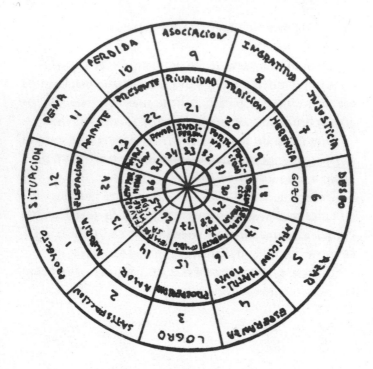

Tabla astrológica reconstituida por Papus
Reproducir esta tabla sobre la mesa de trabajo y colocar las cartas
del Tarot en cada una de las casas cifradas.

Número 2, denominado «satisfacción»

Cuando una carta de copas ocupe el nº 2 significa cumplimiento de deseos y ayuda del Cielo en el futuro del Consultante. Las cartas que la acompañen indicarán consecuencias, acontecimientos, etcétera.

Una carta de bastos en dicho número indicará al Consultante que la fidelidad afrontará todo para hacerle feliz. Las tres cartas que la acompañen indicarán las circunstancias.

Una carta de oros en el nº 2 anunciará grandes dificultades provocadas por la envidia. Las tres cartas que la acompañen explicarán la causa del retraso.

Una carta de espadas en el nº 2 anunciará traición y malos augurios.

Número 3, llamado «logro»

La palabra *logro* deberá ser interpretada según la condición del Consultante y según su empresa.

Una carta de copas en el nº 3 indicará logro feliz y favorable. Las tres cartas que la acompañen explicarán mejor las causas consultándolas en su valor particular.

Una carta de oros en dicho número indicará muchas dificultades a afrontar en sus empresas por envidias o poco éxito aunque obre con honestidad.

Una carta de espadas anunciará traición, lo que impedirá que logre sus proyectos. Las tres cartas que la acompañan ampliarán la explicación.

Número 4, llamado «esperanza»

Una carta de copas en el nº 4 indicará que las esperanzas del Consultante se cumplirán felizmente. Las tres
cartas que la acompañen indicarán más ampliamente
los acontecimientos.

Una carta de bastos indicará que por medio del trabajo y con la ayuda de amigos verá cumplida todas sus
esperanzas.

Una carta de oros indicará esperanzas fundadas lige-
ramente y que serán totalmente vanas.

Una carta de espadas en el mismo número indicará
esperanzas locamente concebidas o destruidas totalmente por culpa de una traición. Las tres cartas que la
acompañen explicarán mejor los hechos.

Número 5, llamado «azar»

Se considera *azar* una ganancia en la lotería o cualquier otro juego de azar, así como el descubrimiento de tesoros escondidos, personas que llegan a ser amantes, bienhechores, ladrones y también cualquier pérdida a causa del fuego o del agua.

Una carta de copas en dicho número indica un feliz azar que reportarán fortuna y prestigio al Consultante. Las tres cartas que la acompañen ofrecerán más detalles.

Una carta de bastos anunciará que el azar, junto a la ayuda de amigos o benefactores, le conducirá a intentar mejor suerte, y que lo logrará.

Una carta de oros significa que el azar le procurará un amante, benefactor, viaje de prosperidad, herencias y noticias de parientes.

Las tres cartas que la acompañen, examinando también la carta que se encuentre en el nº 17 y las cuatro cartas que la acompañan, consideradas en su valor particular y en sus relaciones indican, si son corazones, parientes buenos; bastos, amigos fieles; oros, algo extranjero, y espadas, malos parientes o amigos siniestros. Vale decir que si hay espadas en el nº 5, significan azar feliz como robo, bancarrota o pérdida por fuego o agua.

Número 6, llamado «deseo»

Desear y deseo hacen referencia a dinero, una queri
do .... , una sucesión ó herencia, una asociación,
posesión, matrimonio, descubrimientos y talentos.

Una carta de copas en el nº 6 anuncia que el Consultante verá el objeto de su ardiente deseo felizmente
cumplido.

Una carta de oros indicará que será necesario callar
la envidia con regalos y contentar a personas interesadas
para obtener el objeto o fin deseado.

Una carta de espadas indicará que su deseo no se verá
cumplido. Las tres cartas que la acompañen explicarán
mejor los acontecimientos, tanto para las espadas y los
oros como para los bastos y copas.

Número 7, llamado «injusticia»

Significa las causas no merecidas, las pérdidas de posición de procesos, de estima de benefactores por falsa relación o mala interpretación en las cosas confiadas. En tal caso, si una carta de copas se encuentra en el n.º 7, indicará que la injusticia que se haya cometido contra el Consultante será reparada a su entera satisfacción. Para mayor información se deberán consultar las cartas que la acompañen.

Una carta de bastos indica que la persona deberá obrar junto con sus amigos para reparar el honor, de acuerdo con la injusticia de su demanda. Para este acontecimiento feliz se deben consultar también las tres cartas que la acompañan.

Una carta de oros en el n.º 7 indica que la persona deberá hacer regalos para lograr una honorable reparación de la injusticia que se le ha hecho. Las tres cartas que la acompañen podrán explicar mejor lo que indica dicha carta.

Una carta de espadas significa que nada es capaz de borrar la injusticia de que ha sido objeto y que, para evitar que se la aumente, deberá simular que olvida y callarse.

Número 8, llamado «ingratitud»

La ingratitud tiene causas naturales y forzadas: prestar dinero a quien le es imposible devolverlo y reclamárselo con dureza por medio de la justicia; situar, con buena intención, a un hombre ingrato en una buena posición, desde donde puede dañar a quien lo ha situado allí. Por lo tanto, no debemos lamentarnos de la ingratitud de las personas ya que, la más de las veces, somos nosotros mismos quienes les proporcionamos la ocasión, con nuestra gran confianza.

Una carta de copas en el n° 8 indica que obtendremos amplia justicia de personas que nos hubieran dañado con ingratitud.

Una carta de oros indica que la envidia será la única causa de la ingratitud que recibiremos.

Una carta de espadas significa que seremos traicionados por las mismas personas a quienes hemos favorecido y que, para evitar mayores males, debemos aparecer como insensibles, callarnos e incluso hacer el bien a esas personas ingratas.

En todas estas observaciones enunciadas las tres cartas que acompañan cada caso proporcionarán mayores detalles.

Número 9, llamado «asociación»

Una carta de copas en el nº 9 significa que todas nuestras asociaciones se lograrán según nuestros deseos.

Una carta de bastos, que gracias al trabajo y con la ayuda de amigos las asociaciones serán fructíferas.

Una carta de oros significa que la envidia nos hará sufrir en nuestras asociaciones.

Una carta de espadas en el nº 9 indica que el Consultante en asociación hará la felicidad de los otros, más no la suya. Las tres cartas que acompañan explicarán más ampliamente las circunstancias.

Se entiende por asociación todo lo que debe suceder: matrimonio, sociedad comercial, fabril, sociedad para emprender empresas, asociaciones de conquista y de contrabando. Todo lo cual estará en relación con la posición y esperanzas del Consultante.

Número 10, llamado «pérdida»

Una carta de copas en el n° 10 indica que el Consultante perderá benefactores y que sentirá mucho dicha pérdida.

Una carta de bastos significa pérdida de amigos fieles que decepcionarán nuestras esperanzas.

Una carta de oros indica pérdida de intereses. Las cartas que las acompañan indicarán la naturaleza de los objetos perdidos.

Número 11, llamado «pena»

Una carta de copas en el nº 11 indicará grandes penas causadas por amor o por parientes.

Una carta de bastos significa penas de amistad.

Una carta de oros indicará penas de intereses. Las cartas que la acompañen explicarán la naturaleza de las penas por intereses fracasados.

Una carta de espadas significa penas causadas por la envidia y la traición.

Número 12, llamado «situación»

Una carta de copas en este número anuncia al Consultante que su situación mejorará día tras día.

Una carta de bastos indica que su situación, gracias a la constancia, el trabajo y a la ayuda de los amigos, prosperará.

Una carta de oros indica que la envidia mantendrá a la persona en una situación muy penosa.

Una carta de espadas significa decadencia. Hay que observar que este futuro es solo para el tiempo que la carta anuncia.

Número 13, «llamado alegría»

Una carta de copas en este número indicará que se experimentará una alegría pura, agradable y muy beneficiosa.

Una carta de bastos indica un aumento de fortuna por ayuda de fieles amigos.

Una carta de oros significa que el Consultante saltará de alegría al lograr un asunto, a despecho de las envidias.

Una carta de espadas indica que el Consultante llegará al colmo de la alegría por haber sido útil a sus superiores, quienes aumentarán así su fortuna.

Número 14, llamado «amor»

Una carta de copas en este número indica que la persona será feliz en amor.

Una carta de bastos significa fidelidad en el amor.

Una carta de oros nos anuncia amor afligido por celos.

Una carta de espadas significará traición de amor. Las cuatro cartas que acompañan explicarán mejor los acontecimientos.

NÚMERO 15, LLAMADO «PROSPERIDAD»

Una carta de copas en el n° 15 indica prosperidad futura por vía legítima.

Una carta de bastos significa que por inteligencia, carácter y ayuda de fieles amigos se obtendrá una ganancia más que suficiente para vivir con honestidad.

Una carta de oros indicará una disminución de la fortuna causada por la envidia.

Una carta de espadas significa que el odio y la infidelidad destruirán la prosperidad de la persona que consulta.

Número 16, llamado «matrimonio»

Se debe consultar este punto respecto a uno mismo si se está en estado de poder contraer matrimonio. Si se está casado o fuera de edad, este número hará referencia a parientes próximos o benefactores, ya que los efectos del bien o del mal se extenderán más allá de la persona para quien se tiran las cartas.

Una carta de copas en el nº 16 indica felicidad matrimonial por amor recíproco.

Una carta de bastos significa que, con la ayuda de amigos, se contraerá un matrimonio afortunado y agradable.

Una carta de oros anuncia que los celos turbarán el matrimonio.

Una carta de espadas significa que la traición y los celos harán fracasar un rico matrimonio.

Número 17, llamado «aflicción»

Una carta de copas en este número indica aflicción del corazón que no durará mucho.

Una carta de bastos significa aflicción por amistad que no se solucionará más que por reconciliación.

Una carta de oros anuncia aflicción causada por la envidia.

Una carta de espadas indica gran aflicción causada por la traición.

Número 18, llamado «gozo»

Una carta de copas en este número indica que los amores del Consultante serán acompañados de deseos recíprocos y de gozo sin amargura.

Una carta de bastos significará que por sus cuidados, delicadezas y ayuda de amigos el Consultante gozará del corazón y los sentimientos de su amante.

Una carta de oros en el nº 18 indicará gozo tormentoso y turbado por los celos, pero que concluirá sin incidentes enojosos.

Una carta de espadas significa gozo pronto a romperse y de corta duración.

Número 19, llamado «herencia»

Una carta de copas en el nº 19 indica que la persona recibirá una herencia legítima y muy considerable.

Una carta de bastos significa que al morir sus amigos le dejarán una parte de sus bienes.

Una carta de oros en este número indica que los celos e intereses de falsos amigos o parientes le harán perder gran parte de una herencia legítima que le tocará.

Una carta de espadas indica pérdida por traición de una herencia o donación testamentaria de un benefactor.

Número 20, llamado «traición»

Una carta de copas en el nº 20 indica que el mal que se nos quería hacer por traición recaerá sobre el traidor.

Una carta de bastos significa que, con la ayuda de fieles amigos, la persona que consulta será preservada de una gran traición que hubiera obstaculizado totalmente a sus asuntos.

Una carta de oros en el nº 20 indica que el Consultante sufrirá una traición provocada por la envidia que le comportará una gran pena, pero se borrará con el tiempo.

Una carta de espadas indica traición de las esperanzas del Consultante por calumnia, lo cual le hará perder amigos.

NÚMERO 21, LLAMADO «RIVAL»

Una carta de copas en este número indica que la persona tendrá preferencia sobre sus rivales con toda clase de satisfacciones.

Una carta de bastos indica que, por mérito personal del Consultante junto a los buenos oficios de verdaderos amigos, triunfará sobre sus rivales.

Una carta de oros anuncia que los rivales de la persona obtendrán, por medio de envidias e intrigas, una parte de los favores que ella misma ha solicitado.

Una carta de espadas indicará completa desgracia y favores totalmente otorgados a sus rivales.

Número 22, llamado «presente»

Una carta de copas en el nº 22 significa que la persona recibirá presentes por valor superior a lo que espera.

Una carta de bastos indica presentes de interés hechos al Consultante por amor propio.

Una carta de oros nos indica un corazón vil, bajo y despreciable a quien seducirá el más íntimo presente.

Una carta de espadas significa regalos pérfidos hechos por alguien malintencionado para alejar las sospechas que, con derecho, el Consultante podría tener de él.

Número 23, llamado «amante»

Una carta de copas en este número significa que la persona tendrá un amante de buen carácter y con mucha inclinación hacia esa persona. La misma significación vale para los amigos.

Una carta de bastos representa a un amante fiel y de buena cuna, inclinada a hacer el bien al Consultante. Igual significación para los amigos.

Una carta de oros indica que la persona tendrá un amante celoso que le incomodará con sus sospechas y su actitud despechada. También indica amigos celosos, resentidos e interesados.

Una carta de espadas anuncia amante pérfido, interesado, vengativo y voluble. La misma significación si se trata de amigos.

NÚMERO 24, LLAMADO «ELEVACIÓN»

La palabra *elevación* debe ser considerada como feliz azar, cualquier cosa predestinada a la persona.

Una carta de copas en el nº 24 indica que la persona mejorará en su estado o situación muy por encima de sus expectativas y que será objeto de estima y de admiración por parte de personas honestas.

Una carta de bastos significa que, por su inclinación a cumplir con su deber, y con la ayuda de amigos fieles, el Consultante obtendrá elevación acompañada de fortuna.

Una carta de oros en dicho número indica que la envidia retardará por largo tiempo la elevación de la persona.

Una carta de espadas significa que la traición perjudicará incesantemente la elevación del Consultante.

Número 25, llamado «favor merecido»

Una carta de copas en el nº 25 indica que la persona recibirá la recompensa merecida y prometida o que espera de sus superiores.

Una carta de bastos en dicho número indica que con ayuda de amigos se obtendrá el favor merecido.

Una carta de oros significa mucha dificultad, causada por envidia, para hacer conocer sus pretensiones para obtener el favor merecido, que será otorgado a otro por traición.

Número 26, llamado «empresa»

Una carta de copas en este número indicará que todas las empresas de la persona serán exitosas.

Una carta de bastos significa que la persona será ayudada por sus amigos en empresas que serán todas lucrativas.

Una carta de oros en el n° 26 significa que la envidia y el interés turbarán y dificultarán en mucho el éxito de sus empresas.

Una carta de espadas en este número indica que serán desventajosas aquellas empresas de las que se servirá para aumentar rápidamente su fortuna, aunque no aquellas que sirvan para satisfacer sus necesidades.

Número 27, llamado «cambio»

Una carta de copas en el nº 27 indica siempre un feliz cambio en honores y fortuna.

Una carta de bastos, que gracias a los servicios de amigos se obtendrá un cambio de posición y de fortuna.

Una carta de oros en dicho número significa que los efectos de la envidia cambiarán su posición para desventaja suya.

Una carta de espadas, que no se experimentará ninguna variación en su posición.

Número 28, llamado «muerte y fin»

Una carta de copas en el n° 28 significa que la muerte de un pariente o benefactor aumentará la fortuna de la persona para quien se tiran las cartas.

La carta de bastos en este número significa que uno de sus amigos al morir dejará a la persona un recuerdo bienhechor.

Una carta de oros indica la muerte de un enemigo.

Una carta de espadas anuncia la muerte de aquella persona que más daño haya causado en su vida al Consultante.

Número 29, llamado «recompensa»

La carta de copas en el n° 29 significa que la persona será recompensada en su industria o trabajo, como también en su fidelidad, afición bondadosa o estima.

Una carta de bastos anunciará que por servicio de amigos la persona recibirá la recompensa que se le debe y sobre la que deposita todas sus esperanzas.

Una carta de oros indica que la envidia retardará la recompensa o más bien la disminuirá.

Una carta de espadas significa que la traición hará que la persona pierda la recompensa esperada o prometida.

Número 30, llamado «desgracia»

Una carta de copas en el nº 30 significa una desgracia que no será difícil olvidar.

Una carta de bastos en este número indica que un amigo benefactor del Consultante sufrirá una desgracia de la cual también él se resentirá.

Una carta de oros anunciará que la envidia causará unas sensibles desgracias.

Una carta de espadas, que un viejo amigo traicionará al Consultante ocasionándole desgracias.

Número 31, llamado «felicidad»

Una carta de copas en este número anunciará a la persona que una felicidad imprevista hará su vida agradable.

Una carta de bastos en el n° 31 indicará al Consultante que con ayuda de amigos gozará de un golpe de suerte que aumentará considerablemente su fortuna.

Una carta de oros significará que los efectos de la envidia y la ambición de falsos amigos serán favorables al Consultante.

Una carta de espadas indica que la persona será socorrida por amigos en un caso de urgente necesidad, es decir, que habrá personas que atentarán contra su vida y que ese atentado será desviado por sus amigos. Se llegará a emplear, aunque inútilmente, hasta veneno para asesinarla.

Número 32, llamado «Fortuna»

Una carta de copas en el nº 32 indicará a la persona que hará una brillante fortuna y proporcionada a sus esperanzas.

Una carta de bastos en dicho número indica que, gracias a su trabajo y a su inteligencia y con la ayuda de amigos bienhechores y sinceros, logrará hacer fortuna.

Una carta de oros significa que personas envidiosas, en quienes habrá depositado demasiada confianza, harán fortuna a sus expensas, ya que se aprovecharán totalmente de su gran bondad.

La carta de espadas en este número señalará que todo su trabajo y talento no servirán más que para hacer la fortuna de traidores que mostrarán en apariencia estar a su servicio y que no recogerá otros frutos de sus derechos que la conservación de su posición que le permitirá solo subsistir. Ver las tres cartas que la acompañan para mayores precisiones.

NÚMERO 33, LLAMADO «INDIFERENCIA»

Una carta de copas en el nº 33 indica al Consultante que su indiferencia por el bien de otros le anuncia tranquilidad.

Una carta de bastos significa que su indiferencia para elegir amistades será a menudo motivo de lágrimas.

Una carta de oros, así como una carta de espadas, indican que la persona perderá el bien por su indiferencia y que personas más cuidadosas y vigilantes recogerán lo que ella descuidará. Consultar las tres cartas que acompañan para explicar mejor los acontecimientos.

Número 34, llamado «favor»

Una carta de copas en este número indicará que la persona obtendrá favor de amor y merecerá la consideración de personas ricas, que le reportarán fortuna.

Una carta de bastos en dicho número le anunciará que su conducta sabia y edificante le hará ganar todas sus causas.

Una carta de oros en el nº 34 significa que la persona tendrá muchas dificultades para obtener verdaderos favores.

Una carta de espadas indica que solicitará en vano favores fructíferos. Consultar las tres cartas que acompañan.

Número 35, llamado «ambición»

Una carta de copas en el nº 35 indica a la persona que debe esperar todo de su ambición y que recibirá lo que desea.

Una carta de bastos en dicho número significa que por su mérito y por su inteligencia para hacer amistades todos sus deseos de ambición se cumplirán según su voluntad.

Una carta de oros indica que la envidia de amigos, parientes y asociados alterará y retardará las posibilidades de su ambición.

Una carta de espadas indica que por delicadeza y por traición de amigos desistirá de su objeto principal de ambición. Consultar las tres cartas que acompañan.

Número 36, llamado «enfermedad»

Las enfermedades serán de corta duración si una carta de copas aparece en el n° 35. Si la carta es de bastos carecerán de gravedad, si se trata de una espada ellas solo alcanzarán a los enemigos. Si se trata de una carta de oros significa que una ligera indisposición disminuirá una parte del placer de la persona.

Capítulo VI

Estudio detallado de los significados
adivinatorios de las 78 cartas
según Etteilla y d'Odoucet

Tarot d'Etteilla
(Comentado por d'Odoucet)

Lo que frena a menudo a los debutantes en el estudio del Tarot adivinatorio es el sentido restringido atribuido a cada lámina.

Como ayuda para los verdaderos investigadores hemos resumido en este capítulo los trabajos más dificultosos de Etteilla y su discípulo, d'Odoucet. El presente capítulo solo será útil para quienes quieran realizar un estudio detallado de las 78 láminas desde el punto de vista adivinatorio. Para aquellos lectores que desean estudiar rápidamente el libro del Tarot, tendrá muy poca utilidad.

ARCANOS MAYORES

1
EL CONSULTANTE

Derecha

Significa: Dios, Ser supremo, Espíritu Central; Caos, Meditación, Reflexión, Contención de espíritu.

Invertida

El Universo.— El hombre físico o el macho. El Consultante.

(Esta es una lámina especial en el Tarot de Etteilla.)

2

Esclarecimiento

Derecha

Esta lámina a: Esclarecimiento; Luz, Explicación.— Claridad, Gloria, Cielo y Tierra.— Azufre filosófico.

Invertida

Fuego.— Calor, Reflejo.— Abrazamiento.— Llama, Pasiones.— Meteoros; Relámpagos, Rayo.— Fuego interno, exterior y filosófico.

Corresponde a la lámina 19 del Tarot egipcio reconstruido por nosotros.

3
PROPÓSITO

Derecha

Significa: Propósito, Coloquio, Conversación, Discurso, Entrevista, Hablar, Murmurar, Charlar.— Maledicencia, Calumnia, Decreto, Deliberación.— Luna.

Invertida

Agua fluida, Rocío, Lluvia, Mar, Río, Riachuelo, Manantial, Torrente, Fuente, Arroyo, Lago, Pantano, Charca, Napa de agua, Estanque.— Humedad, Vapor impregnado, Humo, Mercurio, Agua caótica y filosófica.— Emanación, Aguanieve, Nieve, Exhalación, Evaporación.— Inestabilidad, Inconstancia, Silencio.— Murmullo, Paciente.

Corresponde a la lámina 18 de nuestro Tarot.

4

Despojo

Derecha

Esta lámina significa: Despojo, Privación, Carencia, Abandono, Análisis, Extracto, Saldo, Selección, Separación, Depredación, Expoliación, Robo, Pérdidas, Privación de ayudas.

Invertida

Aire, Viento, Tormenta, Atmósfera; Clima, Sequía, Cielo, Estrellas.— Pájaro, Sutil, Volátil, Tono.— Manera, Afectación, Aspecto, Actitud, Fisionomía, Parecido.— Olas sin consistencia.— Arrogancia, Altura, Importancia, Canto, Música, Melodía.

Corresponde a la lámina 17 de nuestro Tarot.

5

VIAJE

Derecha

Esta lámina significa: Viaje, Ruta, Marcha, Tentativas, Desplazamiento, Peregrinación, Visita, Carrera, Incursión, Emigración, Transmigración.— Juez.— Desvío.— Rotación, Circulación.— Desorientar, Desconcertar.

Invertida

Tierra, Materia, Barro, Lodo, Limo.— Materia primordial, Azufre y Mercurio, Sal de sabios, Densidad.— Gnómida, Mundo, Globo terrestre, Estado, Reino, Imperio.— Terreno, Territorio, Posesiones, Bienes rurales.— Aspecto, Permanencia, Firmeza, Estancamiento.— Inercia.— Animales, Bruto. Sepulcro y Tumba.— Ceniza, Polvo.— Materia, Sal filosófica.

Corresponde a la lámina 21 de nuestro Tarot (El Mundo).

6
Noche

Derecha

Esta lámina significa en su posición natural: Noche, Oscuridad, Tinieblas, Privación de Luz, Nocturno, Misterio, Secreto, Máscara, Escondido, Desconocido, Clandestino, Oculto.— Velo, Emblema, Figura, Imagen, Parábola, Alegoría, Fuego místico, Ciencia Oculta.— Intriga sorda, Tentativas tenebrosas. Acciones clandestinas.— Ceguera, Embrollar, Cubrir, Tapar, Dificultad, Duda, Ignorancia.

Invertida

Día, Claridad, Luz, Chispa, Esplendor, Iluminación, Manifestación, Evidencia, Verdad.— Claro, Visible, Luminoso, Dar a luz, Poner al día, Publicar, Hacer eclosión.— Penetrar, Esclarecer, Adquirir conocimientos.— Expediente (medio para resolver), Facilidad.— Abertura, Ventana, Vacío, Zodíaco.

Corresponde a la lámina 3 de nuestro Tarot.

7
Apoyo

Derecha

Esta lámina significa: Apoyo, Sostén, Soporte, Arbotante, Columna, Base, Fundación, Fundamento.— Principio, Razón, Causa, Sujeto, Motivo, Firmeza.— Seguridad, Persuasión, Convicción, Seguros, Confianza, Certeza.— Ayuda, Socorro, Asistencia, Protección.— Mitigar, Consuelo.

Invertida

Protección, Influencia, Buena disposición, Beneficencia, Caridad, Humanidad, Bondad, Conmiseración, Piedad, Compasión, Crédito.— Autorización.

8
CONSULTANTE

Derecha

Esta lámina representa a la Consultante, a la persona que como mujer interesa más al Consultante; significa: la Consultante.— Naturaleza, Reposo, Tranquilidad, Retiro, Vida retirada, Jubilación, Solitario, Reposo de ancianos.— Templo del Calor, Silencio, Tenacidad.

Invertida

Imitación, Jardín del Edén, Efervescencia, Borboteo, Fermentación, Fermento, Levadura, Acidez.

Corresponde a la lámina número 2 de nuestro Tarot.

9
JUSTICIA

Derecha

Esta lámina, respecto a la salud del alma, significa: Justicia, Equidad, Probidad, Derecho, Rectitud, Razón.— Justicia, Ejecución.— Thoth o el *Libro de Thoth*.

Invertida: El jurista

Legislación, Legislador.— Leyes, Código, Estatutos, Preceptos, Derecho natural, Derecho gentil, Derecho público, Derecho Civil, Derecho de guerra. El jurista está bajo el inmediato dominio de este jeroglífico.

Corresponde a la lámina 8 de nuestro Tarot.

10
Templanza

Derecha

Respecto a la salud de espíritu esta lámina significa: Templanza, Moderación, Frugalidad, Castidad, Suavización, Estimación, Acuerdo.— Respeto, Consideración.— Temperatura, Clima, Thoth o el *Libro de Thoth*.

Invertida

Ministro, Sacerdocio, Clero, Iglesia, Religión, Secta; el Consultante está bajo el dominio de esta virtud.

Se corresponde con la lámina 14 de nuestro Tarot.

11
Fuerza

Derecha

Respecto a la salud espiritual significa: Fuerza, Heroísmo, Magnanimidad, Grandeza, Coraje.— Poder, Potencia, Imperio, Ascendente.— Trabajo de espíritu, Paciencia, Resignación, Thoth o el *Libro de Thoth*.

Invertida

Soberano, Reino, Estado, República, Gobierno, Administración, Reinado, Despotismo, Soberanía, Poder supremo, Potencia arbitraria, Pueblo, Nación, Debilidad, Defectuoso, Discordancia.

Se corresponde con la lámina 11 de nuestro Tarot.

12
Prudencia

Derecha

En lo que respecta a la salud espiritual significa: Prudencia, Reserva, Sabiduría, Circunspección, Moderación, Discernimiento, Previsión, Provisión.— Presentimiento, Pronóstico, Profeta.— Thoth o el *Libro de Thoth*.

Invertida

Nación, Legislador, Cuerpo político, Población, Generación.

Corresponde a la lámina 12 de nuestro Tarot.

13
Matrimonio

Derecha

Significa, respecto a la salud del alma: Matrimonio, Unión, Reunión, Vinculación, Vínculo, Alianza, Cadena, Esclavitud, Opresión, Cautiverio, Servidumbre.

Invertida

Sociedad, Relación Mezcla impura, Mezcla, Mixtura.— Paz, Concordia, Acuerdo, Armonía, Buena inteligencia.

Se corresponde con la lámina 5 de nuestro Tarot.

14
Fuerza Mayor

Derecha

Esta lámina, respecto a la salud espiritual, significa:
Fuerza mayor, Gran movimiento, Vehemencia, Esfuer-
zos extraordinarios, Fuerza, Potencia extraordinaria,
Poderes.— Virtud, Impulso.— Tendencias de genio.—
Devastación, Violencia, Trabajo físico.

Invertida

Ligereza, Debilidad, Pequeñez, Debilitamiento.

Se corresponde con nuestra lámina 15.

15
Enfermedad

Derecha

Respecto a la salud espiritual, esta lámina significa:
Enfermedad, Afección.— Molestia, Dolor, Angustia, Mal,
Displacer.— Daño, Pena, Pesar, Infortunio, Desastre.

Invertida

Enfermedad de espíritu, Mal de cabeza, Posición
desgraciada, Desagrado, Inquietud, Aflicción.— Medicina, Magia.

Corresponde a la lámina 1 de nuestro Tarot.

16
Juicio

Derecha

Esta lámina, respecto a la salud espiritual, significa:
Juicio, Abnegación, Inteligencia, Concepción, Razón,
Buen juicio.— Razonamiento, Comparación.— Vista, Sospecha, Pensamiento.— Opinión, Sentimiento,
Disolución.

Invertida

Detención, Decreto, Deliberación, Decisión, Espíritu
débil, Pusilanimidad.— Simplicidad.

Corresponde a la lámina 20 de nuestro Tarot.

17

Mortalidad

Derecha

Significa, en cuanto a la salud espiritual: Muerte, Mortalidad, Aniquilación, Destrucción.— Fin, Alteración, Pudrición, Corrupción, Putrefacción.

Invertida

Inercia, Ensueño, Letargo, Petrificación.—Aniquilación, Sonambulismo.

Se corresponde con la lámina 13 de nuestro Tarot.

18
Traidor

Derecha

Esta lámina significa, respecto a la salud del alma:
Traición, Simulación, Disimulo, Hipocresía, un Traidor,
Intrigante, Corruptor, Seductor.— Astucia, Impostura.

Invertida

Solitario, Anacoreta, Escondido, Disimulado, Simu-
lador.— Política. Fin.

Lámina 9 de nuestro Tarot.

19
Desamparo

Derecha

Respecto a la salud espiritual, esta lámina significa en su posición natural: Miseria, Estrechez, Indigencia, Pobreza, Desvalidez, Necesidad, Calamidad, Adversidad, Infelicidad, Pena, Tormento, Dolor, Aflicción, Desagrado, Castigo, Corrección, Punición.— Despertar, Desgracia.— Severidad, Rigidez, Rigor.

Invertida

Prisión, Detención, Arresto, Cautiverio, Opresión, Tiranía, Cadena, Sujeción, Sometimiento.

Lámina 16 de nuestro Tarot.

20
FORTUNA

Derecha

En relación a la salud espiritual esta lámina significa:
Felicidad, Mejoramiento, Bonificación, Prosperidad, Bie-
nes, Riquezas, Beneficios.— Gracias, Favores.— Suerte,
Destino, Aventuras, Buena fortuna.

Invertida

Crecimiento, Ampliación, Abundancia, Aumento.—
Acrecentamiento, Vegetación, Producción.

Lámina 10 de nuestro Tarot.

21
DISENSIÓN

Derecha

Esta lámina, respecto a la salud del alma, significa:
Guerra, Disensión, Disputa, Ruido, Desinteligencias,
Revueltas, Agitación, Batalla, Lucha, Combate.— Orgullo, Arrogancia, Vanidad, Falsa gloria, Fasto, Ostenta-
ción, Audacia, Temeridad.— Violencia, Desorden, Cólera, Injuria, Presunción, Venganza.

Invertida

Ruido, Tumulto, Querella, Diferir, Desacuerdo, Contestación, Litigio, Contrariedades, Debates.

Lámina 7 de nuestro Tarot.

Arcanos menores

Rey de Bastos
22
Hombre de campo

Derecha

Esta lámina respecto a la salud espiritual significa: en su posición natural, Hombre de campo, Hombre bueno y severo, Hombre bien intencionado, Hombre honesto.— Conciencia, Probidad.— Agricultor, Labrador, Cultivador.

Invertida

Hombre bueno y severo.— Indulgencia, Severidad, Tolerancia, Condescendencia.

DAMA DE BASTOS
23
MUJER DE CAMPO

Derecha

Esta lámina significa, respecto a la salud del espíritu, en su posición natural: Mujer de campo, Ama de casa, Economía, Honestidad, Civilidad.— Delicadeza, Virtud.— Honor, Castidad.

Invertida

Buena mujer, Bondad, Excelencia.— Cortés, Oficioso, Atento, Servicial.— Bien actuado, Servicio, Obligación.

Caballo de Bastos
24
Partida

Derecha

Respecto a la salud espiritual esta lámina significa en su posición natural: Partida, Desplazamiento, Alejamiento, Ausencia, Abandono, Cambio, Huida, Deserción, Transmigración, Emigración.— Transposición, Traslación, Transplante, Transmutación, Evasión.

Invertida

Desunión, Desinteligencia, Ruptura, Disensión, División, Parte, Separación, Partición.— Facción, Partido.— Querella, Altercado.— Corte, Fractura, Discontinuidad, Interrupción.

Sota de Bastos
25
Extranjero

Derecha

Esta lámina significa, en su posición natural: Extranjero, Desconocido, Extraordinario— Extraño, Inusitado, Desacostumbrado, Inaudito, Sorprendente, Admirable, Maravilloso, Prodigio, Milagro.— Episodio, Digresión, Anónimo.

Invertida

Anuncio, Instrucción, Aviso, Advertencia, Admonición, Anécdotas, Crónica, Historia, Cuentos, Fábulas, Noticias, Enseñanza.

Diez de Bastos
26
Traición

Derecha

Esta lámina, respecto a la salud espiritual, significa, en su posición natural: Traición, Perfidia, Intriga, Engaño, Ardid, Sorpresa, Simulacro, Disfraz, Disimulación, Hipocresía, Prevaricación, Duplicidad, Deslealtad, Falsedad, Conjuración.— Impostura.

Invertida

Obstáculo, Constricción.— Barrera, Trabas, Contrariedades, Dificultades, Pena, Trabajo.— Incomodidad, Abyección, Reclamación, Escollo, Valla, Reducto, Aislamiento, Fortificación.

Nueve de Bastos
27
Retraso

Derecha

Esta lámina significa: Retraso, Remisión, Plazo, Alejamiento, Aplazamiento, Suspensión, Alargamiento, Lentamente, Reducción.

Invertida

Obstáculos, Impedimentos, Contrariedad, Desventaja, Adversidad, Pena, Infortunio, Desdichas, Calamidad.

Ocho de Bastos
28
Campo

Derecha

Significa, en su posición natural y respecto a la salud espiritual: Campiña, Campo, Planicie, Agricultura, Cultivo, Labrar, Tierras (como bienes), Inmueble, Granja, Aparcería, Jardín, Huerto, Pradera, Bosque, Fronda, Placer, Divertimento, Diversión, Pasatiempo, Recreos, Solazar, Paz, Calma, Tranquilidad, Inocencia, Vida campestre.— Bosque, Valle pequeño, Montaña, Campo de guerra.

Invertida

Disputa interna, Examen, Razonamiento, Desinteligencia.— Lamentar, Remordimientos, Arrepentimientos, Agitación interna, Irresolución, Incertidumbre, Indecisión, Inconcebible, Incomprensible, Duda, Escrúpulo, Conciencia timorata.

Siete de Bastos
29
Negociación

Derecha

Esta lámina, en su posición natural, significa respecto a la salud espiritual: Negociación, Entrevista, Conferencia, Coloquio, Conversación, Disertación, Deliberación, Discusión.— Habla, Pronunciación, Lengua, Idioma, Dialecto, Negociación, Marcha, Intercambio, Medida, Comercio, Tráfico, Correspondencia.— Hablar, Decir, Proferir, Conferenciar, Murmurar, Charlar, Parloteo, Cotillear, Dividir.

Invertida

Indecisión, Irresolución, Incertidumbre, Perplejidad, Inconstancia, Ligereza, Variación, Variedad, Diversidad, Vacilar, Duda.— Titubear, Vacilar, Versatilidad.

Seis de Bastos
30
Doméstico

Derecha

Esta lámina, respecto a la salud espiritual, en su posición natural significa: Doméstico, Servidor, Criado, Camarero, Lacayo, Sirviente, Mercenario, Siervo, Inferior, Esclavo.— Correo, Comisionado, Servicio doméstico, Interior de la casa, Economía doméstica, Familia, Totalidad de servidores de una casa.

Invertida

Espera, Expectativa, Esperanza, Hacer fondo, Fundarse en, Fiarse, Prometerse.— Confianza, Previsión.— Temor, Aprensión.

CINCO DE BASTOS
31
ORO

Derecha

En su posición natural, respecto a la salud espiritual, esta lámina significa: Oro, Riquezas, Opulencia, Magnificencia, Suntuosidad, Esplendor, Lujo, Abundancia, Bien.— Sol físico, filosófico y moral.

Invertida

Proceso, Litigio, Disensión, Desacuerdo, Embrollos, Desavenencia, Réplicas, Disputas, Instancia (solicitud insistente), Instrucción, Prosecución.— Contrariedades, Contencioso, Discusiones, Contradecir, Chinchar, Fastidiar.— Contradicción, Inconsecuencia.

Cuatro de Bastos
32
Sociedad

Derecha

En relación a la salud espiritual, esta lámina en su posición natural significa: Sociedad, Asociación, Asamblea, Liga, Ligamiento, Junta, Conjunto, Federación, Alianza, Reunión, Círculo, Comunidad, Aglomeración, Multitud, Masa, Muchedumbre, Tropas, Banda, Compañía, Cohorte, Facción, Ejército.— Convocatoria, Acompañar, Mixtura, Mezcla, Aleación, Amalgama.— Contrato, Convenio, Pacto, Tratado.

Invertida

Prosperidad, Aumento, Crecimiento, Avance, Éxito, Resultado, Logro, Dicha, Florecimiento, Felicidad.— Belleza, Embellecimiento.

Tres de Bastos
33
Sociedad

Derecha

Respecto a la salud espiritual, esta lámina en su posición natural significa: Empresa, Emprender, Comenzar.— Usurpar, Apoderarse.— Audacia, Temeridad, Coraje.— Imprudencia, Emprender, Osado, Temerario, Audaz.— Constreñido, embarazado.— Desconcertado.— Impedido, Esfuerzo, Prueba, Ensayo, Tentativa.

Invertida

Interrupción de desdichas, de tormentos, de penas, de trabajos.— Fin, Cese, Discontinuación, Intervalo, Pausa, Reposo, Influencia, Intermediario, Intermitencia.

DOS DE BASTOS
34
PENA

Derecha

En su posición natural, respecto a la salud espiritual, esta lámina significa: Pena, Tristeza, Melancolía, Aflicción, Desplacer, Dolor, Desolación, Mortificación, Humor, Descontento, Vapores, Ideas sombrías.— Acritud, Cólera, Despecho.

Invertida

Sorpresa, Encantamiento, Impresión, Turbación, Acontecimiento imprevisto, Hecho inesperado, Pasmo, Terror, Emoción, Temor, Pánico, Espanto.— Consternación, Conmoción, Asombro, Dominación, Extasiar, Alarmas.— Maravilla, Fenómeno, Milagro.

As de Bastos
35
Nacimiento

Derecha

Esta lámina en su posición natural, relacionada con la salud espiritual, significa: Nacimiento, Comienzo.— Natividad, Creación.— Fuente, Principio, Primacía, Origen.— Extracción, Raza, Familia, Condición, Casa, Linaje, Posteridad, Ocasión, Causa, Razón, Primero, Premisas.

Invertida

Caída, Cascada, Decadencia, Declinación, Decaimiento, Deterioro, Disipación, Quiebra, Bancarrota, Ruina, Destrucción, Demolición, Devastación, Desastre.— Falta, Error, Desprecio, Abatimiento, Desfallecimiento, Desaliento, Desánimo.— Perdición, Abismo, Precipicio.— Perecer, Caer, Decaer, Descender, Infringir, Conculcar.— Profundidad.

Rey de Copas
36
Hombre rubio

Derecha

En su posición natural, esta lámina significa, respecto a la salud espiritual: Hombre rubio, Hombre honesto, Probidad, Equidad, Arte, Ciencia.

Invertida

Hombre acomodado, Hombre distinguido, Hombre honesto.— Hombre deshonesto.— Exacción, Conclusión, Injusticia, Pillaje, Ladrón, Ratero.— Vicio, Corrupción, Escándalo.

Reina de Copas
37
Mujer rubia

Derecha

Esta lámina significa en su posición natural, respecto a la salud espiritual: Mujer rubia.— Mujer honesta, Virtud, Sabiduría, Honestidad.

Invertida

Mujer de alcurnia, Mujer honesta.— Vicio, Deshonestidad, Depravación, Desorden, Corrupción, Escándalo.

Caballo de Copas
38
Llegada

Derecha

Esta lámina significa en su posición natural: Llegada, Arribo, Proximidad, Acceso, Acercamiento, Acogida, Entrada.— Conformidad.— Alcance, Aproximación.— Acceso.— Afluencia.— Comparación.

Invertida

Pillería, Delincuencia, Engaño, Malicia, Artificio, Astucia, Destreza, Habilidad, Trampear.— Sutileza, Irregularidad.— Negritud.

SOTA DE COPAS
39
JOVEN RUBIO

Derecha

Respecto a la salud espiritual, en su posición natural, significa: Joven rubio, Estudioso.— Estudio, Aplicación, Trabajo, Reflexión, Observación, Consideración, Meditación, Contemplación, Ocupación.— Oficio, Profesión, Empleo.

Invertida

Inclinación, Pendiente, Propensión, Tendencia, Atracción, Gusto, Simpatías, Pasión, Aflicción, Apego, Amistad.— Corazón, Ganas, Deseo, Atracción, Compromiso, Seducción, Invitación, Agrado.— Adulación, Dar coba, Alabanza, Elogio, Lisonja.— Inclinado, que amenaza ruina; Tendente, que va hacia un fin.

DIEZ DE COPAS

40

LA CIUDAD

Derecha

Esta lámina, respecto a la salud espiritual, en su posición natural significa: Villa, Ciudad, Patria, País, Burgo, Provincia, Pueblo, Villorrio, Lugar, Sitio, Estadía, Morada, Habitación, Residencia.— Ciudadano, Relativo a la burguesía, Habitante de la villa.

Invertida

Cólera, Indignación, Agitación, Irritación, Arrebato, Furor, Violencia.

Nueve de Copas
41
Victoria

Derecha

Respecto a la salud espiritual, en su posición natural, esta lámina significa: Victoria, Éxito, Logro, Ventaja, Ganancia.— Pompa, Triunfo, Trofeo, Preeminencia, Superioridad.— Espectáculo, Aparejo, Avíos.

Invertida

Sinceridad, Verdad, Realidad, Probidad, Buena fe, Franqueza, Ingenuidad, Candor, Abrir el corazón, Simplicidad.— Libertad, Ciencia, Confianza excesiva, Familiaridad, Audacia, Comodidad, Desarreglo.

Ocho de Copas
42
Muchacha rubia

Derecha

En su posición natural, respecto a la salud espiritual, esta lámina significa: Joven rubia, Joven honesta, Muchacha práctica, Honor, Pudor, Modestia, Moderación, Timidez, Temor, Aprehensión, Dulzura, Agrado.

Invertida

Satisfacción, Dicha, Contento, Alegría, Gozo, Regocijo, Diversión, Fiesta.— Excusa, Reparación, Disculpa.— Alegría pública, Espectáculo, Aparejo, Aprestos, Preparativos, Disposición.

SIETE DE COPAS
43
EL PENSAMIENTO

Derecha

Respecto a la salud espiritual del alma, en su posición natural, esta lámina significa: Pensamiento, Alma, Espíritu, Inteligencia, Idea; Memoria, Imaginación, Entendimiento, Concepción, Meditación, Contemplación, Reflexión, Deliberación, Vista, Opinión, Sentimiento.

Invertida

Proyecto, Designio, Intención, Deseo, Voluntad, Resolución, Determinación, Premeditación.

Seis de Copas
44
El Pasado

Derecha

En su posición natural, respecto a la salud espiritual, significa: El Pasado, Pretérito, Ajado, Marchito.— Antiguamente, Anteriormente, Precedentemente, En otro tiempo, Antes.— Vejez, Decrepitud, Antigüedad.

Invertida

Porvenir, Futuro.— Luego, Después, Enseguida, Posteriormente, Ulteriormente.— Regeneración, Resurrección.— Reproducción, Renovación, Reiteración.

Cinco de Copas
45
Herencia

Derecha

En cuanto a la salud espiritual, en su posición natural, esta lámina significa: Herencia, Sucesión, Legados, Don, Donación, Dote, Patrimonio, Transmisión, Testamento.— Tradición, Resolución.— Cábala.

Invertida

Cosanguinidad, Sangre, Familia, Abuelos, Ancestros; Padre, Hermano, Hermana, Tío, Tía, Primo, Prima.— Filiación, Extracción, Raza, Linaje, Alianza.— Afinidad, Familiaridad, Relación, Asiduidad, Lazos.

CUATRO DE COPAS
46
TEDIO

Derecha

Significa, respecto a la salud espiritual, y en su posición natural: Aburrimiento, Fastidio, Descontento, Disgusto, Aversión, Enemistad, Odio, Horror, Inquietud, Pena, Preocupación ligera, Aflicción, Penoso, Enojoso, Desagradable.— Preocupante, Afligente.

Invertida

Nueva Instrucción, Nueva Luz.— Índice, Indicación, Conjetura.— Augurio, Presagio.— Presentimientos, Pronóstico, Predicción, Novedad.

Tres de Copas
47
Logro

Derecha

Significa, respecto a la salud anímica, en su posición
natural: Logro, Ciencia, Solución feliz, Solución, Salida,
Victoria.— Cura, Consuelo, Aplacamiento.— Cumplimiento.— Perfección.

Invertida

Expedición, Despacho, Ejecución, Terminación, Fin,
Conclusión, Cumplimiento.

Dos de Copas
48
Amor

Derecha

Esta lámina significa, en su posición natural y respecto a la salud espiritual: Amor, Pasión, Inclinación, Simpatía, Atracción, Propensión, Amistad, Bienvenida, Afición, Apego, Gusto, Relación, Galantería, Afinidad.

Invertida

Deseo, Anhelo, Voto, Voluntad, Ganas, Ansia, Aspirar, Avidez, Celos, Pasión, Ilusión, Apetito.

AS DE COPAS

49

MESA

Derecha

En su posición natural, respecto a la salud espiritual, significa: Mesa, Comida, Festín, Gala, Regalo, Alimento, Nutrición.— Convites, Servicios.— Invitación, Ruego, Súplica Convocación.— Huésped (anfitrión), Hotel, Hostelería, Albergue.— Abundancia, Fertilidad, Producción, Solidez, Estabilidad, Firmeza, Constancia, Perseverancia, Continuación, Duración, Consecución, Asiduidad, Persistencia, Valor.— Cuadro, Pintura, Imagen, Jeroglífico, Descripción.— Tabletas, Portafolios, Escritorio, Despacho, Pupitre.— Tabla de la naturaleza, Mesa de bronce, Mesa de mármol, Ley.— Catálogo, Tabla de materias.— Tabla de Armonía, Mesa de jardín, Santa Mesa.

Invertida

Mutación, Permutación, Transmutación, Alteración, Vicisitud, Variedades, Variación, Inconstancia, Ligereza.— Intercambio, Trueque, Compra, Venta, Mercado, Tratado, Convención.— Metamorfosis, Diversidad, Versatilidad, Inversión, Enrevesamiento, Revertir, Revolución, Reversión.— Versión, Traducción, Interpretación.

REY DE ESPADAS
50
MAGISTRADO

Derecha

Respecto a la salud anímica, en su posición natural, esta lámina significa: Magistrado, Hombre de leyes, Juez, Consejero, Asesor, Senador, Hombre de negocios, Practicante, Abogado, Procurador, Doctor.— Médico, Jurista.— Jurisprudencia.— Querellante, Jurisconsulto.

Invertida

Mal intencionado, Malignidad, Perversidad, Perfidia, Crimen, Crueldad, Atrocidad, Inhumanidad.

REINA DE ESPADAS
51
VIUDEZ

Derecha

En su posición natural, respecto a la salud espiritual, esta lámina significa: Viudez, Viudedad, Privación, Ausencia, Indigencia, Esterilidad, Pobreza.— Vacío, Vacante, Inactivo, Ocioso, Libre.

Invertida

Mala mujer.— Malignidad, Malicia, Intriga, Astucia, Artificio, Ardid, Obsecuencia, Remilgo, Hipocresía.

Caballo de Espadas
52
Militar

Derecha

Esta lámina, en su posición natural, respecto a la salud espiritual, significa: Militar, Hombre de armas, Maestro de esgrima, Espadachín.— Soldado de cualquier cuerpo o arma, Combatiente, Enemigo.— Disputa, Guerra, Combate, Batalla, Duelo.— Ataque, Defensa, Oposición, Resistencia, Destrucción, Ruina, Arrasar.— Enemistad, Odio, Cólera, Resentimiento.— Valor, Coraje, Bravura.— Dependiente, Estipendiario.

Invertida

Impericia, Ineptitud, Estupidez, Idiotez, Tontería, Imprudencia, Impertinencia, Extravagancia, Ridiculez, Simplezas.— Ratería, Marrullería, Trampeo, Industria.

Sota de Espadas
53
Vigilancia

Derecha

En su posición natural, respecto a la salud espiritual, significa: Espía, Curioso, Observador, Mirón, Escrutar, Aficionado, Vigilante, Intendente.— Examen, Nota, Observación, Anotación, Especulación, Cuenta, Cálculo, Estimación.— Sabio, Artista.

Invertida

Imprevisto, Repentino, Súbitamente, De golpe.— Asombroso, Sorprendente, Inopinadamente.— Improvisar, Actuar y hablar sin preparación.

Diez de Espadas
54
Aflicción

Derecha

Respecto a la salud espiritual, en su posición natural, esta lámina significa: Llantos, Lágrimas, Sollozos, Gemidos, Suspiros, Lamentos, Quejas, Dolencias, Afecciones, Penas, Tristeza, Dolor, Desolación.

Invertida

Ventaja, Ganancia, Provecho, Éxito.— Gracia, Favor, Buena acción.— Ascendente, Poder, Imperio, Autoridad, Poderío, Potencia, Usurpación.

Nueve de Espadas
55
Celibato

Derecha

Esta lámina, en su posición natural, respecto a la salud espiritual, significa: Soltero, Celibato, Virginidad, Abate, Fraile, Cura, Monje, Eremita, Religioso, Religiosa.— Templo, Iglesia, Monasterio, Convento, Ermita, Santuario.— Culto, Religión, Piedad, Devoción, Rito, Ceremonia, Ritual.— Recluso, Reclusa, Anacoreta, Vestal.

Invertida

Justa desconfianza, Sospecha fundada, Temor legítimo, Desconfianza, Duda, Conjetura.— Escrúpulo, Conciencia timorata, Pureza, Timidez, Pudor.— Vergüenza.

OCHO DE ESPADAS

56

CRÍTICA

Derecha

En su posición natural, respecto a la salud anímica, esta lámina significa: Crítica, Posición enojosa, Momento crítico, Tiempo crítico, Instante decisivo, Situación desgraciada, Circunstancia delicada, Crisis.— Examen, Discusión, Investigación, Reprobación, Censura, Glosa, Epílogo, Control, Desaprobación, Condenación, Anulación, Juicio, Desprecio.

Invertida

Incidente, Dificultad, Circunstancia particular, Conjunción, Acontecimiento, Accesorio, Inconsciente, Obstáculo, Retardo, Atraso.— Abyección.— Contestación, Contradicción, Oposición, Resistencia, Chinchar.— Inopinado, Imprevisto, Caso fortuito, Aventura, Ocurrencia, Destino, Fatalidad, Accidentes, Desgracias, Desdichas, Infortunio, Síntoma.

SIETE DE ESPADAS
57
ESPERANZA

Derecha

Respecto a la salud espiritual, en su posición natural, esta lámina significa: Esperanza, Espera, Pretender, Fundarse, Designio, Voluntad, Querer, Anhelo, Gana, Gusto, Fantasía.

Invertida

Consejo sabio, Buenos consejos, Advertencias saludables, Instrucción, Lección.— Observación, Reflexión, Advertencia, Aviso, Pensamiento.— Reprimenda, Reproche.— Novedad, Nueva, Anuncio, Cartel.— Consulta, Admonición.

Seis de Espadas
58
Ruta

Derecha

Esta lámina significa, en su posición natural y respecto a la salud anímica: Ruta, Sendero, Camino, Carrera, Curso, Pasaje, Vía.— Marcha, Intento, Prevención, Conducta, Medio, Manera, Modo, Expediente, Paseo, Ejemplo, Huella, Vestigio, Envío, Comisionado.

Invertida

Declaración, Acto declarativo, Desarrollo, Explicación, Interpretación,— Carta, Constitución, Diploma, Ley manifiesta, Ordenanza.— Publicación, Proclamación, Ostentoso, Cartel, Publicidad, Autenticidad, Notoriedad.— Denuncia.— Enumeración.— Conocimiento, Descubrimiento, Desvelamiento, Visión, Revelación, Aparición, Apariencia, Confesión, Protesta, Aprobación, Autorización.

CINCO DE ESPADAS
59
PÉRDIDA

Derecha

Respecto a la salud espiritual, en su posición natural, esta lámina significa: Pérdida, Alteración, Ruina, Degradación, Declinación, Deterioro, Destrucción, Corrupción, Detrimento, Disminución, Daños, Perjuicio, Malograr, Fracaso.— Menoscabo, Tara, Avaricia. Decadencia de negocios, Devastación, Desventaja, Desgaste, Dilapidación, Disipación, Infortunio, Desdichas, Abatir, Revés de fortuna, Ruina.— Quiebra.— Derrota.— Desorden, Vergüenza, Difamación, Deshonor, Infamia, Ignorancia, Afrenta, Fealdad, Deformidad, Humillación.— Robo, Latrocinio, Rapto, Plagio, Secuestro, Repugnante, Horrible.— Oprobio, Corrupción, Desarreglo, Seducción, Libertinaje.

Invertida

Duelo, Abatimiento, Afección, Pena, Dolor, Penas de espíritu, Pompa fúnebre, Entierro, Obsequios, Funerales, Inhumación, Sepultura.

CUATRO DE ESPADAS
60
SOLEDAD

Derecha

Esta lámina significa, respeto a la salud espiritual, en su posición: Soledad, Desierto, Retiro, Ermita.— Exilio, Destierro, Proscripción.— Inhabitado.— Aislado, Abandonado, Dejado.— Tumba, Sepulcro, Panteón.

Invertida

Economía, Buena conducta, Sabia administración.— Previsión, Dirección, Economía doméstica, Ahorro, Avaricia.— Orden, Arreglo, Relación, Conveniencia, Concierto, Acuerdo, Concordancia, Armonía, Música, Disposición.— Testamento.— Reserva, Restricción, Excepción.— Circunspección, Circunscripción, Retención, Sabiduría, Simpatía, Conducta, Precaución.

Tres de Espadas
61
Alejamiento

Derecha

Esta lámina, respecto a la salud espiritual, significa en su posición natural: Alejamiento, Partida, Ausencia, Huida, Dispersión, Lejanía, Retardo.— Desdén, Repugnancia, Aversión, Odio, Disgusto, Horror.— Incompatibilidad, Contrariedad, Oposición, Insociabilidad, Misantropía, Incivilidad.— Separación, División, Ruptura, Antipatía, Sección, Corte.

Invertida

Extravío, Demencia, Divagación, Alineación, Distracción, Conducta loca.— Error, Desengaño, Pérdida, Vuelta, Separación, Dispersión.

Dos de Espadas
62
Amistad

Derecha

Respecto a la salud espiritual, esta lámina significa en
su posición natural: Amistad, Apego, Afición, Ternura,
Cortesía, Relación, Identidad, Intimidad, Conveniencia, Correspondencia, Interés, Conformidad, Simpatía,
Afinidad, Atracción.

Invertida

Falso, Falsedad, Mentira, Impostura, Duplicidad,
Mala fe, Superchería, Disimulación, Intriga, Engaño,
Superficial, Superficie.

AS DE ESPADAS
63
FRUCTIFICACIÓN

Derecha

Esta lámina significa, respecto a la salud espiritual, en su posición natural: Extremo, Grande, Excesivo.— Indignado, Furioso, Rabioso.— Extremadamente, Apasionadamente, Excesivamente.— Vehemencia, Animosidad, Transporte, Arrebato, Cólera, Furor, Rabia.— Extremidad, Frontera, Confín, Final, Límites.— Último suspiro, Extremo último.— Desunión.

Invertida

Embarazo, Germen, Semilla, Esperma, Materia, Preñez, Engendramiento, Concepción, Fructificación.— Parto, Alumbramiento.— Fecundación, Producción, Composición.— Engrandecimiento, Aumento, Multiplicidad.

Rey de Oros
64
Hombre moreno

Derecha

Esta lámina, respecto a la salud espiritual, significa en su posición natural: Hombre moreno, Comerciante, Negociante, Banquero, Agente de cambio, Calculador, Especulador.— Física, Geometría, Matemática.— Ciencia, Maestro, Profesor.

Invertida

Vicio, Defecto, Debilidad, Defectuoso, Conformación defectuosa, Naturaleza informe, Desarreglo, Fealdad, Deformidad.— Corrupción, Fetidez.

REINA DE OROS
65
MUJER MORENA

Derecha

Respecto a la salud anímica, esta lámina en su posición natural significa: Mujer morena, Opulencia, Riqueza, Fasto, Lujo, Suntuosidad.— Seguros, Seguridad, Confianza, Certeza, Afirmación.— Seguridad, Valentía, Libertad, Franqueza.

Invertida

Mal seguro, Dudoso, Incierto, Duda, Indecisión, Incertidumbre.— Miedo, Temor, Pavor, Timidez, Aprensión, Vacilación, Titubeo.— Indeterminación, Irresolución, Perplejidad, Estar en suspenso.

Caballo de Oros
66
Utilidad

Derecha

Esta lámina, respecto a la salud anímica, en su posición natural significa: Útil, Ventaja, Ganancia.— Provecho, Interés, Aprovechable, Interesante, Ventajoso, Importante, Necesario, Servicial, Oficioso.

Invertida

Paz, Tranquilidad, Reposo, Sueño, Apatía, Inercia, Estancamiento, Inactividad, Desocupación.— Ocios, Pasatiempos.— Recreación, Despreocupación, Libre de cuidados, Indolencia, Negligencia, Pereza, Adormecimiento, Desánimo, Abatimiento.

Sota de Oros
67
Joven moreno

Derecha

En su posición natural, respecto a la salud anímica, significa: Joven moreno, Estudio, Instrucción, Aplicación, Meditación, Reflexión.— Trabajo, Ocupación, Aprendizaje.— Escolar, Discípulo, Alumno, Aprendiz, Aficionado, Estudiante, Especulador, Negociante.

Invertida

Profesión, Superfluidad, Liberalidad, Lujo, Suntuosidad, Magnificencia, Abundancia, Multiplicidad.— Liberalidad, Beneficio, Generosidad, Beneficencia.— Multitud.— Degradación, Dilapidación, Pillaje, Disipación.

Diez de Oros
68
El Hogar

Derecha

En su posición natural, respecto a la salud espiritual, esta lámina significa: Casa, Hogar, Economía doméstica, Ahorro.— Morada, Domicilio, Habitación, Mansión, Alojamiento, Regimiento, Edificio, Nave (arquitectura), Vaso, Recipiente.— Archivo, Castillo, Cabaña.— Familia, Extracción, Raza, Posteridad.— Antro, Caverna, Reparo.

Invertida

Lote, Fortuna, Juego, Caso fortuito, Azar, Ignorancia, Suerte, Destino, Fatalidad.— Ocasión feliz o desdichada.

Nueve de Oros
69
Efecto

Derecha

Respecto a la salud espiritual, esta lámina en su posición natural significa: Efecto, Realización, Positivo, Cumplimiento, Logro.

Invertida

Engaño, Marrullería, Decepción, Promesas, Inocuo, Esperanzas vanas, Proyectos frustrados.

OCHO DE OROS
70
MUCHACHA MORENA

Derecha

Esta lámina, en su posición natural y respecto a la salud del espíritu, significa: Joven morena, Pasividad, Gran noche.

Invertida

Aspiración vacía, Avaricia, Usura.

SIETE DE OROS
71
DINERO

Derecha

Respecto a la salud anímica, en su posición natural, esta lámina significa: Dinero, Riqueza, Suma, Moneda.— Platería, Blancura, Paridad, Candor, Inocencia, Ingenuidad, Luna.— Purgación, Purificación.

Invertida

Inquietud, Tormento espiritual, Impaciencia, Aflicción, Pena, Preocupación, Solicitud, Cuidado, Atención, Diligencia, Aplicación.— Aprensión, Temor, Miedo, Desconfianza, Sospecha.

SEIS DE OROS

72

EL PRESENTE

Derecha

Actualmente, Presentemente, Ahora, Incontinente, Repentinamente, Instantáneamente, Al instante, Hoy, Asistente, Testigo, Contemporáneo.— Atento, Escrupuloso, Vigilante.

Invertida

Deseo, Anhelo, Ardor, Rapto, Pasión, Investigación, Ansia, Ganas, Celos, Ilusión.

Cinco de Oros
73
Amante

Derecha

Esta lámina, en su posición natural, significa: Amante, Enamorado, Enamorada, Galante, Marido, Esposa, Mujer, Amigo, Amiga.— Amador, Querida.— Amar, Querer, Adorar, Armonización, Acuerdo, Conveniencia, Integración, Adecuación.

Invertida

Desordenado, Contraorden.— Inconducta, Desorden, Turbación, Confusión, Caos.— Devastación, Arrasamiento, Ruina.— Disipación, Consunción, Desarreglo, Libertinaje.— Discordia, Inarmonía, Discordancia.

CUATRO DE OROS
74
BENEFICIO

Derecha

Está lámina, en su posición natural, significa: Presente, Regalo, Generosidad, Beneficio, Liberalidad, Regalo con motivo del inicio de algo, Gracia, Ofrenda, Don, Gratificación, Servicio.— Color Blanco, Medicina lunar, Piedra blanca.

Invertida

Contorno, Circuito, Circunvolución, Circunferencia, Círculo, Circulación.— Interceptar, Obstrucción, Atascamiento, Acaparamiento, Clausura, Monasterio, Convento.— Detenido, Fijo, Determinado, Definitivo, Extremidad, Límites, Términos, Fin, Barrera, Tabique, Muralla, Valla, Pared.— Obstáculos, Barreras, Impedimento, Suspensión, Retraso, Oposición.

TRES DE OROS
75
IMPORTANTE

Derecha

Esta lámina, respecto a la salud anímica, en su posición natural, significa: Noble, Consecuente, Célebre, Importante, Grande, Mayor, Extendido, Vasto, Sublime, Renombrado, Famoso, Poderoso, Elevado, Ilustre.— Ilustración, Consideración, Grandeza de alma, Proceder noblemente, Acciones generosas, Magníficamente, Espléndidamente.

Invertida

Puerilidad, Infancia, Niñería, Frivolidad.— Debilitamiento, Abatimiento, Disminución, Educación, Modicidad, Mediocridad, Minucia, Bagatela, Frivolidad, Bajeza, Cobardía, Amilanamiento, Retoño, Pequeño, Pueril, Enclenque, Canijo, Bajo, Rastreo, Vil, Abyecto, Humilde.— Abyección, Humildad, Humillación.

Dos de Oros
76
Obstáculo

Derecha

Esta lámina, respecto a la salud espiritual, significa en su posición natural: Embarazo, Obstáculo, Constricción, Obstruir, Estorbo, Turbar, Pena, Emoción, Confusión, Dificultad, Impedimento, Aturdimiento, Azoramiento, Oscuridad.— Agitación, Inquietud, Perplejidad, Solicitud.

Invertida

Billete, Escrito, Escritura, Texto, Literatura, Doctrina, Erudición. Obra, Libro, Producción, Composición.— Despacho, Epístola, Misiva.— Carácter.— Sentido literal.— Alfabeto, Elementos, Principios, Letra de cambio.

As de Oros
77
Alegria completa

Derecha

Esta lámina, respecto a la salud espiritual, significa en su posición natural: Alegría completa, Felicidad, Dicha, Encantamiento, Éxtasis, Maravilla, Entera satisfacción, Alegría total, Placer inefable, Color rojo, Medicina perfecta; Medicina solar, Pureza, Cumplimiento.

Invertida

Suma, Capital, Principal.— Tesoro, Riquezas, Opulencia.— Raro, Caro, Precioso, inestimable.

(0 de los Arcanos mayores)

78
Locura

Derecha

Esta lámina, respecto a la salud espiritual, en su posición natural significa: Locura, Demencia, Extravagancia, Sinrazón, Extravío, Ebriedad, Delirio, *Frenesí*, Tara, Furor, Transporte.— *Entusiasmo*.— Ciegamente, *Ignorancia*.— Loco, Insensato, Irracional, Inocente, Simple.

Invertida

Imbecilidad, Ineptitud, Despreocupación, Estupidez, Imprudencia, Negligencia, Ausencia, Distracción.— Apatía, Desvalimiento, Sueño, Nada, Nulidad, Vacío.— Vano.

Capítulo VII

CONCLUSIÓN GENERAL.— INVESTIGACIÓN
Y DOCUMENTOS HISTÓRICOS.— ETTEILLA.— ÉLIPHAS
LÉVI.— CHRISTIAN.— PAPUS.—
EL TAROT FILOSÓFICO

Los antiguos iniciadores del Egipto, los maestros
venerados, colocaron encabezando su libro de la Ciencia
Eterna al Mago, Hacedor de acrobacias, el que divertía
a las masas.

Así como antiguamente se daba al iniciado un esca-
rabajo de tierra que, abriéndose por un secreto resorte,
mostraba, esculpidos en oro y en marfil, los doce dioses
del Olimpo, del mismo modo se presenta el Tarot.

A todos los pedantes que presentan las enseñanzas de
Alta Ciencia, despreciando las enseñanzas del azar y de
la suerte, el Mago se presenta de esta manera, diciendo:
«He aquí mis vasijas en forma de copas, mirad mi varita,

mi espada, mis talismanes. Yo entretengo a las gentes, yo instruyo a los Sabios. Pero no se enseña sin divertir».

Por ello, antes de abordar el camino ya ilustrado por Guillaume Postel y antes de él por Ramon Llull; por el doctor Éliphas Lévi y antes de él por el instintivo Etteilla; antes de combinar las láminas para mostrar los conocimientos filosóficos y religiosos, he querido describir el Tarot del Mago, el Tarot de la cartomante, el admirable libro de la vendedora de esperanza. Todo está en la naturaleza y, si el Mago que abre el libro está rodeado de instrumentos físicos de magia, la Verdad que cierra este libro evoluciona entre los cuatro símbolos de las fuerzas vivientes que actúan en todos los planos. De este modo, el Tarot filosófico es el fin y el complemento del Tarot adivinatorio, que es la introducción.

Por esto, Maestros Venerados, aquel cuya obra es producto de vuestras enseñanzas dedica su modesto trabajo a vuestra memoria y os pide que bendigáis a quienes le comprenden y que perdonéis a quienes se burlan y ríen porque no comprenden.

Si tenemos en cuenta solo a aquellos autores anteriores a 1880, los autores contemporáneos que se han ocupado del Tarot son principalmente Etteilla, d'Odoucet, Éliphas Lévi y Christian. Daremos aquí una reseña de las investigaciones de cada uno de ellos.

Para los trabajos de d'Odoucet bastará con remitirse al Capítulo IV, donde sus trabajos se exponen en detalle.

Etteilla ha estudiado los números del Tarot y los jeroglíficos. Damos aquí dos ejemplos sobre sus investigaciones del *Libro de Thoth* desde el punto de vista numeral.

Como echar los Tarots

Los ignorantes operan mal en todo lo que hacen, no así los instruidos, así los Egipcios tomaban el *Libro de Thoth*, lo mezclaban en todos sus sentidos, sin señalar los jeroglíficos, y hacían cortar ese libro en dos por sus Consultantes. Tomaban luego la primera carta y la ponían en B, la segunda en A, y la tercera sobre B (o sea B, A). La cuarta en B, la quinta en A, la sexta en B. Luego, la séptima en B, y así hasta el final, de modo que sobre A quedaban *26 láminas* y sobre B *52*.

Con las cincuenta y dos recomenzaban la misma operación (sobre D, C) de manera que tenían 17 láminas en C, y sobre D, 35. Ponían de lado las *diecisiete* láminas y con las *treinta y cinco* restantes recomenzaban la operación F, E, de modo que en E quedaban *once* láminas y en F, *veinticuatro*.

Así tenemos: A = 26; B = 0; C = 17; D = 0; E = 11; F = 24. Estas últimas no eran interpretadas. *(Observar que a cada operación es necesario mezclar siempre y cortar.)*

Así, tomando A, ellos leían lámina por lámina *(de derecha a izquierda, su sentido se debe todo a sus partes)* y luego cogían la primera y la relacionaban con la n° 26. Habiendo terminado con A, interpretaban C y luego E.

En la *Cartomancia* (3ª edición, 1782) podemos encontrar la explicación completa, aunque Ettcilla no haga más que una copia de los Egipcios, así como la *Esteganografía* de Trithemius y la teoría de Ramon Llull, eran copias del *Libro de Thoth* o, para decirlo vulgarmente, de las cartas llamadas *Tarots*.

La segunda operación que realizan los egipcios consistía en echar tres veces siete cartas que disponían de este modo:

7. 6. 5. 4. 3. 2. 1. A.
7. 6. 5. 4. 3. 2. 1. B.
7. 6. 5. 4. 3. 2. 1. C.

Si A no respondía a sus preguntas retiraban debajo otras 7 cartas: 7. 6. 5. 4. 3. 2. 1. A. Si no encontraban todavía respuesta retiraban otras siete cartas 7. 6. 5. 4. 3. 2. 1. A. para C. Si estas repeticiones no ofrecían solución o pronósticos afirmativos, pedían a los Consultantes rogar a los dioses, cambiar de conducta y volver al otro día o algunos días después.

La tercera operación era considerable y a considerar. Después de mezclar y hacer cortar las 78 láminas, formaban dos columnas y un capitel que apoyaban sobre las dos columnas y luego, sin mezclar otra vez las cartas, formaban una rueda cuidando de retirar el 1 o el 8 según el sexo del Consultante.

Cuando salía, disponían ese primer u octavo jeroglífico en el centro tal como se ve en la figura:

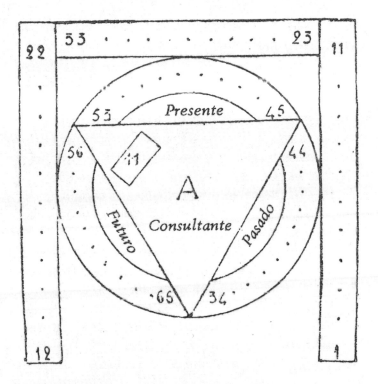

Véase igualmente, en la pág. 13, la figura tomada del libro de
Etteilla (Ámsterdam, 1783).

Al sacar la primera carta la ponían en el número 1 y así
hasta llegar al número 11. Ponían luego la doceava carta
en el número 12 y así hasta llegar al número 22, etcétera.

1. 11. 34. 44. representaban el Pasado; 12. 22. 45. 55. representaban el Futuro y 23. 33. 56. 66. representaban el Presente.

Si el 1 y el 8, según el sexo del Consultante, no habían salido, lo cogían del resto del mazo y lo colocaban en el centro. La distancia entre el hombre y la mujer es de siete grados (1 representa al hombre, 8 a la mujer). Esto hizo cometer un error a Mahoma al decir que las mujeres son Huríes que no entrarán en el paraíso aunque cuidarán la puerta del mismo, no habiendo comprendido que esos siete grados de diferencia no estaban más que en el mundo físico.

Los egipcios explicaban primero el Pasado, luego el Presente y en último lugar el Futuro, tomaban entonces 8. 34. y 1. para el Pasado hasta 8. 44. y 11., del mismo modo para el Presente y Futuro. Hay que leer a Etteilla si se quiere entender la manera de explicar este modo de echar las cartas (siempre tres cartas explicadas una tras otra), empleando siempre la del centro.

A veces los sabios egipcios utilizaban en sus operaciones 12 cartas, pero este modo era siempre para hechos muy importantes como las cosechas, las decisiones, las batallas o para los Soberanos de la Nación o extranjeros o para aquellos que eran comisionados. Pero al acabar estas tres operaciones que he señalado, realizaban una cuarta, de cinco o seis grados o dirigidos por los números. Ejemplo: al levantar las cartas, veían si un número estaba bien o mal colocado entre los otros, lo recordaban y después de esa jugada echaban tantas cartas como el número, bien o mal colocado, les indicaba.

Si una persona no tenía más que una pregunta para hacer, siempre que ella fuese justa (ya que eran enemigos de todo aquello que era vicioso o podía llegar a serlo) tiraban solamente las cinco cartas *e. d. c. b. a.*, siempre yendo de *a* a *e*. Si no encontraban respuesta tiraban otras diez láminas disponiéndolas de este modo:

5.	4.	3.	2.	1.
E.	D.	C.	B.	A.
10.	9.	8.	7.	6.

y las explicaban yendo de 1 a 5, de A a E y de 6 a 10, y si esta operación no ofrecía respuesta encomendaban al Consultante a volver a consultar otro día aconsejándole adorar los dioses y amar a sus semejantes o prójimos.

Podría aquí hacer pasar todo el *Libro de Thoth* en sus divisiones en 7 libros por una innumerable cantidad de cálculos, donde al alfabeto resultante me indicaría la fórmula y me daría todas las claves. Doy aquí un cuadro que podrá encaminar a quienes quieran interpretar de forma general y a fondo el *Libro de Thoth*.

cuatro	1	2	3	4	5	6	7			1	4	7		1	2
cinco	2	3	4	5	6	7	1			2	5	1			8
seis	3	4	5	6	7	1	2			3	6	2		1	1
siete	4	5	6	7	1	2	3			4	7	3		1	4
uno	5	6	7	1	2	3	4			5	1	4		1	0
dos	6	7	1	2	3	4	5			6	2	5		1	3
tres	7	1	2	3	4	5	6			7	3	6		7	6
		4	9				2	8		6					
				77											

Se ve a primera vista que 1, la unidad, se remite a 10, 2 a 13, 3 a 16, 4 a 12, 5 a 8, 6 a 11 y 7 a 14.

El orden, la armonía, el mayor acuerdo Reina en todos estos números, ya porque sean acordes ya porque el agente está relacionado con su paciente, como en 6 sobre 11. Pero en general es mejor explicarse diciendo que hay 7 tonos o grados distintos en las 7 cadenas del alfabeto y de las formulas. El número 2, centro de la fórmula, se relaciona con 13. He dicho ya que, según los filósofos, si ese número era un número débil, era el menor de los siete números que le siguen aunque 2 les confiera el curso, el movimiento y las órdenes de la unidad. Es el celoso ministro de 1 y el fiel amigo de 3, el soberano de los números, sin contar la unidad, y en fin, 2 es el segundo divisor del número perfecto 6, concurriendo con 3. El número 6 da la señal del pecado, como también —en un sentido— su contrario, ya que aquí el pecado está considerado como debilidad; 2 soporta el peso del 13 y esta carga es sumamente penosa, no va contra la sabia naturaleza ya que la muerte es una perfección, aunque sea de los más grandes signos de debilidad; es la perfección que solo tiende a la regeneración, tal como lo entendió claramente Pitágoras.

Quiero ser bien entendido, y supongo que me aproximaré a ningún punto que no esté relacionado a mi tema: lamento no tener nada que decir antes de continuar, ya habrá tiempo de hablar de los Sabios egipcios que nos han suministrado el tema.

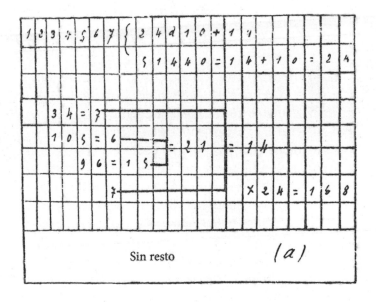

Sin resto (a)

Éliphas Lévi

Éliphas Lévi es uno de los autores que han estudiado más completamente el Tarot en todos sus aspectos.

Poseemos muchos manuscritos de este autor y queremos mostrar a nuestros lectores algunas raras piezas de su pertenencia.

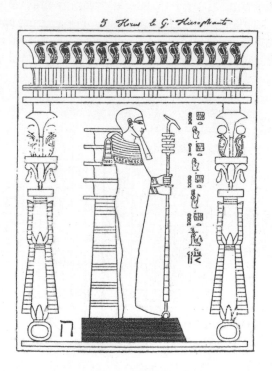

Documentos inéditos de Éliphas Lévi sobre el Tarot
(Las notas son hológrafas de Éliphas Lévi)

Documentos inéditos de Éliphas Lévi sobre el Tarot

Tarot indio (documento de Éliphas Lévi)

Tarot indio

Tarot indio

Tarot indio

Tarot indio

TRABAJOS DE CHRISTIAN

En sus libros *El Hombre Rojo de las Tullerías* e *Historia de la Magia*, Christian realiza una curiosa aplicación del Tarot a la Astrología onomántica.

Cada uno de los Arcanos mayores del Tarot es objeto de un escrupuloso estudio que será de gran provecho para todos aquellos que desean profundizar sus investigaciones sobre la filosofía del Tarot.

Nos parece necesario recordar aquí el estudio de Christian sobre los Arcanos mayores.

El libro de Hermes
Significado de los 22 Arcanos mayores

Arcano 1

A = 1 expresa en el *Mundo divino* el Ser absoluto que contiene tiene o de donde emanan la infinidad de posibles.— En el *Mundo intelectual*: la Unidad, principio de todos los actos.— En el *Mundo físico*: el Hombre, el situado en el más alto lugar en la escala de los seres relativos, destinados a elevarse, por una perpetua expresión de sus facultades, en las esferas concéntricas del Absoluto.

El Arcano 1 está representado por el Mago, tipo perfecto de hombre, es decir, en plena posesión de facultades físicas y morales. Está representado de pie: es la actitud de la voluntad que precede a la acción. Sus vestiduras son blancas, imán de la pureza original o reconquistada. Una serpiente que muerde la cola le sirve de cinturón: es el símbolo de la eternidad. Su frente está rodeada por un círculo de oro: el oro significa la luz; el círculo representa la circunferencia universal sobre la que gravitan las cosas creadas. La mano derecha del mago sostiene un cetro de oro, símbolo de mando, y se eleva hacia el cielo como emblema de aspiración a la ciencia, a la sabiduría, a la fuerza. Su mano izquierda muestra el índice extendido hacia la tierra para significar que la misión del hombre perfecto es la de reinar sobre el mundo material. El doble gesto que la figura expresa simboliza que la voluntad humana debe reflejar aquí abajo la voluntad divina para producir el bien e impedir el mal. Delante del Mago y sobre una piedra cúbica hay una copa, una espada y un chequel (moneda hebrea) de oro en el centro del cual hay gravada una cruz. La copa simboliza la mezcla de pasiones que contribuyen a la felicidad o a la desdicha, según que seamos sus dueños o sus esclavos. La espada representa al trabajo, la lucha que supera obstáculos y las pruebas que nos hace soportar el dolor. El chequel, signo de un determinado valor, simboliza las aspiraciones realizadas, las obras cumplidas, la fuerza conquistada por la perseverancia y la eficacia de la voluntad. La cruz, sello del infinito con que está marcado el cheque, enuncia la futura ascensión de esta fuerza en las esferas del futuro.

Recuerda, hijo de la Tierra, que el hombre debe, como Dios, actuar sin pausa. No querer nada, no hacer nada no es menos funesto que querer y hacer el mal. Si el Mago aparece entre los signos fatídicos de tu Horóscopo, él te anuncia que una firme voluntad y la fe en ti mismo, guiada por la razón y el amor de la justicia, te conducirán al fin que quieras alcanzar y te preservarán de los peligros de los caminos.

ARCANO II

B = 2 expresa, en el *Mundo divino,* la conciencia del Ser absoluto que abarca los tres términos de toda manifestación: el pasado, el presente y el futuro.— En el *Mundo intelectual,* el Binario, reflejo de la Unidad; la Ciencia, percepción de las cosas visibles e invisibles.— En el *Mundo físico,* la Mujer, molde del Hombre, y que se une con él para cumplir un igual destino.

El Arcano II está representado por una mujer sentada en el umbral del templo de Isis, entre dos columnas. La columna que se levanta a su derecha es roja; este color simboliza el espíritu puro y su luminosa ascensión por encima de la materia. La columna de la izquierda es negra y simboliza la noche del salto, el cautiverio del espíritu impuro entre los ligamentos de la materia. La mujer está coronada por una tiara que soporta en lo alto una luna creciente, y está envuelta por un velo cuyos pliegues caen sobre el rostro. Sobre su pecho la mujer lleva la cruz solar y sobre sus rodillas un libro abierto que medio cubre con su manto. Este conjunto simbólico representa la Ciencia oculta que espera al iniciado en el umbral del santuario de Isis para comunicarle los secretos de la Naturaleza universal. La cruz solar (análoga al *Lingam* indio)[5] significa la fecundación de la mate-

---

5 El *Lingam* era el signo representativo de la unión de los sexos. La antigüedad sagrada no relacionaba ningún pensamiento vergonzoso con la contemplación de los órganos reproductores; los monumentos de Mitra, entre los persas, son

274

ria por el espíritu. Ella expresa también, como sello del infinito, que la Ciencia procede de Dios y que no tiene límites como la fuente. El velo que envuelve la tiara y cayendo sobre la cara de la mujer expresa que la verdad se sustrae a las miradas de la curiosidad profana. El libro semiescondido del manto significa que los misterios no se revelan más que en la soledad, al sabio que se recoge en silencio en la plena y tranquila posesión de sí mismo.

Recuerda, hijo de la Tierra, que el espíritu se aclara buscando a Dios con los ojos de la voluntad. Dios dijo: «¡Hágase la luz!», y la luz inundó el espacio. El hombre debe decir: «Que se manifieste la Verdad y que me suceda el Bien». Y si el hombre posee una sana voluntad verá brillar la Verdad y guiado por ella alcanzará todo el bien al que aspire. Si el Arcano II aparece en tu Horóscopo, golpea resueltamente a la puerta del futuro, y se abrirá, pero estudia largo tiempo el camino por donde vas a entrar. Vuelve tu rostro hacia el Sol de la Justicia y la ciencia de lo verdadero te será dada. Guarda silencio sobre tus designios a fin de no librarlos a la contradicción de los hombres.

---

una prueba de ello. La corrupción de las costumbres hizo relegar más tarde esos símbolos a los santuarios secretos de la iniciación, aunque las costumbres no devinieron por ello mejores.

ARCANO III

G = 3 expresa, en el *Mundo divino*, la Fuerza suprema, equilibrada por la Inteligencia eterna activa y por la Sabiduría absoluta.— En el *Mundo intelectual*, la fecundidad universal del Ser.— En el *Mundo físico*, la Naturaleza trabajando, la germinación de los actos que debe brotar de la voluntad.

El Arcano III está representado por la imagen de una mujer sentada en el centro de un sol radiante. Está coronada por doce estrellas y reposa sus pies sobre la luna, es el emblema de la fuerza creadora. La corona de estrellas simboliza, por medio del número 12, las Casas o estaciones que el sol recorre, año tras año, alrededor de la zona zodiacal. Esta mujer, la Isis celeste o la Naturaleza, lleva un cetro cuyo extremo soporta un globo: es el signo de su perpetua acción sobre las cosas nacidas o por nacer. En la otra mano lleva un águila, símbolo de las alturas a las cuales puede elevarse el vuelo del espíritu.— La luna bajo sus pies representa lo íntimo de la Materia y su dominación por el Espíritu.

Recuerda, hijo de la Tierra, que afirmar lo que es verdadero es querer aquello que es justo, es ya creerlo. Afirmar y querer lo contrario es consagrarse uno mismo a la destrucción. Si el Arcano III se manifiesta entre los signos fatídicos de su horóscopo, espera el éxito de tus empresas, a condición que sepas unir la actividad que fecunda a la rectitud de espíritu que hace fructificar las obras.

Arcano IV

D = 4 expresa, en el *Mundo divino*, la perpetua y jerárquica realización de las virtualidades contenidas en el Ser absoluta.— En el *Mundo* intelectual, la realización de las ideas del Ser contingente por el cuádruple trabajo del espíritu: Afirmación, Negación, Discusión, Solución.— En el *Mundo físico*, la realización de los actos dirigidos por la Ciencia de la Verdad, el amor de la Justicia, la fuerza de la Voluntad y el trabajo de los Órganos.

El Arcano IV está representado por un hombre tocado con un casco que soporta una corona. El hombre está sentado sobre una piedra cúbica. Con su mano derecha levanta un cetro y su pierna derecha flexionada hace cruz con la izquierda. La piedra cúbica, figura de solidez perfecta, significa la obra humana cumplida. El casco coronado es el emblema de la fuerza que ha conquistado el poder. Este hombre está en posesión del cetro de Isis y la piedra que le sirve de trono significa la materia dominada. La Cruz que trazan la posición de sus piernas simboliza los cuatro elementos y la expansión del poderío humano en todos los sentidos.

Recuerda, hijo de la Tierra, que nada se resiste a una voluntad firme, cuya palanca es la ciencia de lo verdadero y lo justo. Combatir para asegurarse la realización es más que un derecho, es un deber. El hombre que triunfa en esta lucha no hace más que cumplir su misión terrenal, aquel que sucumbe en su dedicación adquiere la inmortalidad. Si el Arcano IX aparece en tu Horóscopo, significa que la realización de tus esperanzas depende de un ser más poderoso que tú: intenta conocerle y tendrás su apoyo.

Arcano V

E = 5 representa, en el *Mundo divino*, la ley universal reguladora de las manifestaciones infinitas del Ser en la unidad de la sustancia.— En el *Mundo intelectual,* la Religión, relación entre el Ser absoluto y el Ser relativo, del Infinito con lo Finito.— En el *Mundo físico*, la inspiración que comunican las vibraciones del fluido astral; la prueba del hombre por la libertad de acción en el círculo infranqueable de la ley universal.

El Arcano V está representado por el Hierofante o Sumo Sacerdote (Maestro de los Misterios sagrados). Este príncipe de la doctrina oculta está sentado entre las dos columnas del Santuario. Se apoya en una cruz de tres travesaños y con el índice de la mano derecha traza sobre el pecho el signo del silencio. A sus pies están prosternados dos hombres, uno vestido de rojo y el otro de negro. El Hierofante, órgano supremo de la ciencia sagrada, representa el genio de las buenas inspiraciones del espíritu y de la conciencia. Su gesto invita al recogimiento para escuchar la voz del cielo en el silencio de las pasiones y de los instintos de la carne. La columna de la derecha simboliza la ley divina; la de la izquierda significa la libertad de obedecer o no obedecer. La cruz de tres travesaños es el emblema de Dios penetrando los tres mundos para hacer brotar allí todas las manifestaciones de la vida universal. Los dos hombres prosternados simbolizan el Genio de la Luz (aquel vestido de rojo) y el Genio de las Tinieblas (el que va vestido de negro), que obedecen ambos al Maestro de los Arcanos.

Recuerda, hijo de la Tierra, que, antes de decir de un hombre que es feliz o infeliz, es preciso saber qué uso ha hecho de su voluntad, ya que todo hombre crea su vida a imagen de sus obras. El Genio del Bien está a tu derecha y el del Mal a tu izquierda; sus voces no son escuchadas más que por tu conciencia: recógete y ella te responderá.

ARCANO VI

U V = 6 expresa en el *Mundo divino,* la Ciencia del
Bien y del Mal.— En el *Mundo intelectual,* el equilibrio
de la Necesidad y de la Libertad.— En el *Mundo físico,* el
antagonismo de las fuerzas naturales, el encadenamiento
de los efectos a las causas.

El Arcano VI está representado por un hombre de
pie, inmóvil, colocado en el ángulo que forma el cruce
de dos caminos. Su mirada se posa al suelo y cruza
los brazos sobre su pecho. Dos mujeres, a izquierda y
derecha, le ponen una mano en la espalda y le muestran uno de los dos caminos. La mujer de la derecha
lleva un círculo de oro rodeando su frente y personifica
su Virtud. La de la izquierda, coronada de púrpura,
el vicio tentador. Arriba y detrás de este grupo, pla-
neando sobre él dentro de una aureola fulgurante, el
Genio de la Justicia tiende su arco dirigiendo hacia el
Vicio la flecha del castigo. El conjunto de esta escena
simboliza la lucha entre las pasiones y la conciencia.
Recuerda, hijo de la Tierra, que para el común de los
hombres la atracción del vicio tiene más prestigio que
la austera belleza de la virtud. Si el Arcano VI aparece
en tu horóscopo, ten cuidado con tus resoluciones. Los
obstáculos te cierran el paso a la ruta de la felicidad
que persigues, azares contrarios planean sobre ti y la
voluntad vacila entre cosas opuestas. La indecisión es,
en todas las órdenes, más funesta que una mala elec-
ción. Avanza o retrocede, pero no vaciles, y aprende
que una cadena de flores es más difícil de romper que
una de hierro.

Arcano VII

Z = 7 representa en el *Mundo divino*, el Septenario, la dominación del Espíritu sobre la Naturaleza. En el *Mundo intelectual*, el Sacerdocio y el Imperio.— En el *Mundo físico*, la sumisión de los elementos y de las fuerzas de la Materia a la Inteligencia y al trabajo del Hombre.

El Arcano VI está representado por un carro de guerra, de forma cuadrada, que soporta un baldaquino sostenido por cuatro columnas. Sobre este carro se levanta un triunfador acorazado que lleva entre sus manos un cetro y una espada. Está coronado por un círculo de oro que lleva tres estrellas de cinco puntas o pentagramas. Este carro simboliza la obra llevada a cabo por la Voluntad que ha vencido los obstáculos. Las cuatro columnas del dosel representan los cuatro elementos dominados por el sueño del cetro y la espada. Sobre el frente cuadrado del carro se ve inscrita una esfera sostenida por dos alas desplegadas, signo de la exaltación ilimitada de la potencia humana en el infinito del espacio y del tiempo. La corona de oro que lleva el triunfador simboliza la posesión de la luz espiritual que ilumina todos los Arcanos de la Fortuna. Las tres estrellas que rematan la corona simbolizan la Potencia equilibrada por la Sabiduría y la Inteligencia. Tres escuadras están trazadas sobre la coraza y significan la rectitud del Juicio, de la Voluntad y de la Acción que otorga la fuerza de la cual la coraza es el emblema. La espada en alto es el signo de la victoria. El cetro rematado por un triángulo, símbolo de la Materia, y por un círculo, símbolo de la Eternidad, significa la perpetua dominación de la Inteligencia sobre las fuerzas de la Naturaleza. Dos esfinges, una blanca la otra negra, van atadas al carro. El blanco simboliza el Bien mientras que el Negro simboliza el Mal, uno conquistado, el otro derrotado, que se han convertido en servidores del Mago que ha superado las pruebas.

Recuerda, hijo de la Tierra, que el imperio del mundo pertenece a aquellos que poseen la soberanía del Espíritu, es decir, la luz que aclara los misterios de la vida. Rompiendo los obstáculos aplastarás a tus enemigos y todos tus deseos se realizarán si encaras el futuro con una audacia provista de la conciencia de tu derecho.

ARCANO VIII

H = 8 expresa en el *Mundo divino*, la Justicia absoluta.
—En el *Mundo intelectual*, la Atracción y la Repulsión. —
En el *Mundo físico*, la Justicia relativa, falible y limitada
que emana de los hombres.

El Arcano VIII está representado por una mujer sentada en su trono, con la frente coronada por una corona
de hierro de lanzas; en la mano derecha lleva una espada
con la punta hacia arriba y en la izquierda una balanza.
Es el antiguo símbolo de la Justicia que pesa los actos
y que contrapone al mal la Espada de la expiación. La
justicia, emanada de Dios, es la reacción equilibradora
que reconstituye el orden, vale decir el equilibrio entre el
deber y el derecho. La espada es aquí signo de protección
para los buenos y de amenaza para los malos. Los ojos de
la Justicia están cubiertos por una venda, para subrayar
que ella pesa y golpea sin tener en cuenta las diferencias
convencionales que los hombres establecen entre ellos.

Recuerda, hijo de la Tierra, que obtener la victoria
y dominar los obstáculos que se han franqueado no es
más que una parte de las tareas humanas. Para llevarla a
cabo es preciso establecer el equilibrio entre las fuerzas
que se ponen en juego. Toda acción provoca reacción y la
Voluntad debe prever el choque de las fuerzas contrarias
para atemperarlo y anularlo. Todo porvenir se balancea
entre el bien y el mal. Toda inteligencia que no sabe
equilibrarse se asemeja a un sol abortado.

Arcano IX

T = 9 expresa, en el *Mundo divino,* la Sabiduría absoluta.— En el *Mundo intelectual,* la prudencia, rectora de la Voluntad.— En el *Mundo físico,* la Circunspección que guía los actos.

El Arcano IX está representado por un viejo que marcha apoyándose en un bastón, llevando delante de sí una lámpara encendida que semiesconde entre los pliegues de su manto. Este anciano personifica la experiencia adquirida en el trabajo de la vida. La lámpara encendida significa la luz de la inteligencia que debe extenderse sobre el pasado, el presente y el futuro. El manto que la semiesconde significa la discreción, mientras que el bastón simboliza el sostén que presta prudencia al hombre que no abandona su pensamiento.

Recuerda, hijo de la Tierra, que la Prudencia es el arma del Sabio. La Circunspección le hace evitar los escollos o los abismos y presentir la traición. Tómala por guía en todos tus actos, aún las más pequeñas cosas. Aquí abajo nada es indiferente, un guijarro puede hacer andar el carro del dueño del mundo. Recuerda que si la Palabra es de plata, el Silencio es de oro.

Arcano X

I. J. Y = 10 expresa, en el *Mundo divino*, el principio activo que vivifica a los seres.— En el *Mundo intelectual*, la Autoridad gobernante.— En el *Mundo físico*, la buena o la mala fortuna.

El Arcano X está representado por una rueda que gira sobre su eje, entre dos columnas. A la derecha, *Hermunihus*, Genio del Bien, se esfuerza por subir a la cima de la circunferencia. A la izquierda, *Tifón*, Genio del Mal, se precipita hacia abajo. La Esfinge, en equilibrio sobre la rueda, tiene una espada entre sus garras de león. Representa al destino siempre presto a golpear a derecha e izquierda y que, según la rueda que da vueltas bajo su impulso, deja subir a los más humildes y caer a los más encumbrados.

Recuerda, hijo de la Tierra, que para poder es necesario querer; que para querer eficazmente se precisa osadía y que para que la osadía tenga éxito es necesario saber callarse hasta el momento de actuar. Para adquirir el derecho de poseer la Ciencia y el Poder es preciso querer pacientemente, con una infatigable perseverancia. Y para mantenerse sobre las alturas, si llegas a alcanzarlas, es preciso haber aprendido a observar con mirada sin vértigo las más vastas profundidades.

ARCANO XI

C. K = 20 expresa, en el *Mundo divino*, el principio de toda fuerza, espiritual y material.— En el *Mundo intelectual*, la Fuerza moral.— En el *Mundo físico*, la Fuerza orgánica.

El Arcano XI está representado por la imagen de una joven que cierra sin esfuerzo las fauces de un león. Es el emblema de la fuerza que comunican la fe en sí mismo y la inocencia de la vida.

Recuerda, hijo de la Tierra, que para poder es preciso creer que se puede. Avanza con fe: el obstáculo es un fantasma. Para llegar a ser fuerte es necesario imponer silencio a los débiles de corazón; es preciso estudiar el deber, que es la regla del derecho, y practicar la justicia si se la amase.

Arcano XII

L = 30 expresa, en el *Mundo divino*, la Ley revelada.—
En el *Mundo intelectual*, la enseñanza del Deber — En
el *Mundo físico*, el Sacrificio.

El Arcano XII está representado por un hombre que
cuelga de un pie en una horca que reposa sobre dos
árboles que presentan cada uno seis ramas cortadas.
Las manos del hombre están atadas por detrás de su
cintura y el pliegue de sus brazos forma la base de un
triángulo invertido del cual la cabeza del hombre es el
vértice. Es este el signo de la muerte violenta, sufrida por
un funesto accidente o por la expiación de un crimen
o aceptada por una heroica dedicación a la Verdad y a la
Justicia. Las doce ramas cortadas simbolizan la extinción
de la vida, la destrucción de las doce casas del Horóscopo.
El triángulo de vértice invertido simboliza una catástrofe.

Recuerda, hijo de la Tierra, que la dedicación es una
ley divina de la cual nada es dispensado, pero no esperes
más que ingratitud de parte de los hombres. Mantén
entonces tu alma siempre dispuesta a rendir sus cuentas
a la Eternidad, porque si el Arcano XII aparece en tu
Horóscopo, la muerte violenta levantará sus trampas en
tu camino. Pero si el mundo atenta contra tu vida terrestre, no expires sin aceptar con designación esta detención de Dios y sin perdonar a tus más crueles enemigos,
ya que quien no perdone aquí abajo será condenado en
el más allá a una eterna soledad.

ARCANO XIII

M = 40 expresa, en el *Mundo divino*, el perpetuo movimiento de creación, destrucción y renovación.— En el *Mundo intelectual*, la ascensión del Espíritu en las esferas divinas.— En el *Mundo físico*, la muerte natural, es decir, la transformación de la naturaleza humana que ha llegado al término de su último período orgánico.

El Arcano XIII está representado por un esqueleto segando cabezas en un campo y de donde salen de todas partes manos y pies humanos a medida que la guadaña prosigue su obra. Es el emblema de la destrucción y del renacimiento perpetuo de todas las formas del Ser en el dominio del Tiempo.

Recuerda, hijo de la Tierra, que las cosas terrestres duran poco tiempo y que los más altos poderíos son segados como la hierba de los prados. La disolución de los órganos visibles llegará más pronto de lo que tú esperas, pero no la temas porque la muerte no es más que el parto de otra vida. El universo reabsorbe sin pausa todo lo que, salido de su seno, no se ha espiritualizado. Aunque la liberación de nuestros instintos materiales por una libre y voluntaria adhesión de nuestra alma a las leyes del movimiento universal constituye en nosotros la creación de un segundo hombre, del hombre celeste, y comienza nuestra inmortalidad.

Arcano XIV

N = 50 expresa, en el *Mundo divino*, el movimiento perpetuo de la Vida.— En el *Mundo intelectual,* la combinación de las ideas que crean la vida moral.— En el *Mundo físico*, la combinación de las fuerzas de la Naturaleza.

El Arcano XIV está representado por el Genio del Sol que lleva dos urnas en sus manos y vierte la savia de la vida de una en otra. Es el símbolo de las combinaciones que se operan sin cesar en todos los dominios de la Naturaleza.

Hijo de la Tierra, consulta tus fuerzas, no para retroceder delante de tus obras sino para usar los obstáculos, así como el agua que cae gota a gota gasta la piedra más dura.

Arcano XV

X = 60 expresa en el *Mundo divino* la Predestinación.— En el *Mundo intelectual,* el Misterio.— En el *Mundo físico,* el Imprevisto, la Fatalidad.

El Arcano XV está representado por Tifón, genio de las catástrofes que, elevándose de un foso ardiente por encima de dos hombres encadenados a sus pies, sacude sobre ellos unas antorchas. Es la imagen de la Fatalidad que estalla en ciertas vidas como la erupción de un volcán y que abrasa tanto a los grandes como a los pequeños, a los fuertes como a los débiles, a los más hábiles como a los menos engañosos con la igualdad del desastre.

Quienquiera que seas, hijo de la Tierra, contempla las viejas cadenas que desafían al rayo y que el rayo ha roto luego de haberlas respetado sin embargo más de un siglo. Cesa de creer en la sabiduría y en tu fuerza si Dios no te ha permitido obtener la clave de los Arcanos que encadenan la Fatalidad.

ARCANO XVI

0 = 70 expresa, en el *Mundo divino*, el castigo del orgullo.— En el *Mundo intelectual*, el debilitamiento del Espíritu que intenta penetrar en el misterio de Dios.— En el *Mundo físico*, los desbordes de la fortuna.

El Arcano XVI está representado por una torre que destruye el rayo. Un hombre coronado y otro sin corona que se precipitan desde lo alto junto con los escombros de las almenas. Es el símbolo del conflicto de las fuerzas materiales que demuelen tanto a grandes como a humildes, a reyes como a los seres vulgares. Es también el emblema de las rivalidades que no conducen, ni de una parte ni de otra, más que a una ruina común; de los proyectos frustrados, de las esperanzas que se debilitan, de las empresas abortadas, de las ambiciones aniquiladas, de las muertes por catástrofe.

Recuerda, hijo de la Tierra, que toda prueba del infortunio aceptada con resignación a la Suprema Voluntad del Todopoderoso es un progreso del que será eternamente recompensado. Sufrir es trabajar para desembarazarse de la Materia, es revestirse de inmortalidad.

Arcano XVII

F. P = 80 expresa, en el *Mundo divino*, la Inmortalidad.— En el *Mundo intelectual*, la Luz interior que ilumina el Espíritu.— En el *Mundo físico*, la Esperanza.

El Arcano XVII está representado por una estrella radiante de ocho rayos que rodean otras siete estrellas suspendidas sobre una joven desnuda que derrama sobre la tierra árida los fluidos de la Vida universal contenidos en dos cántaros, uno de oro y el otro de plata. Cerca de ella una mariposa se posa sobre una rosa. Esta joven es el símbolo de la Esperanza que esparce su rocío sobre nuestros más tristes días. Está desnuda para expresar que nos queda la esperanza cuando nos encontramos despojados de todo. Por encima de esta figura, la radiante estrella de ocho rayos simboliza el apocalipsis de los Destinos, rodeada por siete sellos que son los siete planetas, representados por las otras siete estrellas. La mariposa es el signo de la resurrección más allá de la tumba.

Recuerda, hijo de la Tierra, que la Esperanza es hermana de la Fe. Despójate de las pasiones y de los errores para estudiar los misterios de la verdadera Ciencia y te será otorgada su clave. Entonces, un rayo de la divina Luz surgirá del Santuario oculto para disipar las tinieblas de tu futuro y mostrarte el camino de la felicidad. Cualquiera que sea lo que te suceda en tu vida, no marchites nunca las flores de la Esperanza y recogerás entonces los frutos de la Fe.

Arcano XVIII

T. S = 90 expresa, en el *Mundo divino*, los abismos del Infinito — En el *Mundo intelectual*, las tinieblas que envuelven al Espíritu cuando se somete al imperio de los instintos.— En el *Mundo físico*, las decepciones y los enemigos ocultos.

El Arcano XVIII está representado por un campo que la luna, semivelada, ilumina con un pálido crepúsculo. Una torre se levanta a cada lado del sendero que se pierde en el desierto horizonte. Delante de una de las torres hay un perro sentado y del otro lado del camino un perro ladrando a la luna. Entre estos dos animales se arrastra un cangrejo. Las torres simbolizan la falsa seguridad que no tiene en cuenta los peligros escondidos, más temibles que los peligros que se pueden percibir.

Recuerda, hijo de la Tierra, que quien desafía lo desconocido alcanza su perdición. Los espíritus hostiles, representados por el lobo, le amenazan con sus emboscadas; los espíritus serviles, representados por el perro, le esconden sus traiciones bajo bajas adulaciones y los espíritus perezosos, representados por el cangrejo, pasarán sin conmoverse ante su ruina. Observa, escucha y sabe callarte.

Arcano XIX

Q = 100 expresa, en el *Mundo divino*, el Cielo supremo.— En el *Mundo intelectual*, la Verdad sagrada.— En el *Mundo físico*, la Dicha apacible.

El Arcano XIX está representado por un sol radiante que alumbra a unos niños, imagen de la inocencia, que se toman de la mano en medio de un círculo tapizado de flores. Es el símbolo de la felicidad que prometen la simplicidad de la vida y la moderación de los deseos.

Recuerda, hijo de la Tierra, que la luz de los Misterios es un fluido temible puesto por la Naturaleza al servicio de la Voluntad. Ella ilumina a aquellos que saben dirigirla, y aniquila a aquellos que ignoran su poder o que abusan de él.

Arcano XX

R = 200 representa el paso de la vida terrenal a la vida futura. Un Genio hace sonar su trompeta por encima de una tumba entreabierta. Un hombre, una mujer y un niño, símbolo de la trinidad humana, se levantan de su lecho fúnebre. Es el símbolo del cambio que es el fin de toda cosa, tanto del Bien como del Mal.

Recuerda, hijo de la Tierra, que toda fortuna es móvil, aún aquella que parece más estable. La ascensión del alma es el fruto que ella debe sacar de sus sucesivas pruebas y experiencias. Espera tu sufrimiento, pero desafíate en la prosperidad. No te duermas ni en la pereza ni en el olvido. En un instante que ignoras, la rueda de la fortuna se dará vuelta y serás elevado y precipitado por la Esfinge.

Arcano 0

S = 300 representa el sentimiento que sigue a toda
falta. Ves aquí a un ciego cargado con un saco lleno que
irá a chocar contra un obelisco destrozado sobre el cual
hay en acecho un cocodrilo con las fauces abiertas. Este
ciego es el símbolo del hombre que se ha hecho esclavo
de la Materia. Su saco está lleno de errores y faltas. El
obelisco destrozado representa la ruina de sus obras; el
cocodrilo es el emblema de una implacable fatalidad y
de la inevitable Expiación.

Arcano XXI

Este Arcano supremo de la Magia está representado por una corona de rosas de oro que rodea una estrella y colocada en un círculo alrededor del cual se ordenan, a igual distancia: una cabeza de hombre, una cabeza de toro, una cabeza de león y una cabeza de águila. Es el signo con que se adorna el Mago que ha derribado el más alto grado de la iniciación y puesto por ella en posesión de un poder cuyos grados de ascenso no tienen otros límites que los de la inteligencia y la sabiduría. Recuerda, hijo de la Tierra, que el imperio del Mundo pertenece al imperio de la Luz, y que este imperio es el trono que Dios reserva a la Voluntad santificada. La Felicidad es, para el Mago, el fruto de la Ciencia del Bien y del Mal; aunque Dios no permite recoger ese fruto inmortal más que al hombre tan dueño de sí como para acercarse a él sin acariciarlo.

Resumamos ahora estos 22 Arcanos por los títulos que explican sus símbolos:

El primero se llama *El Mago* y simboliza la *Voluntad*.

El segundo se llama la *Puerta del santuario oculto* y simboliza la *Ciencia* que debe guiar la voluntad.

El tercero se llama *Isis-Urami* y simboliza la *Acción* que debe manifestar la voluntad unida a la ciencia.

El cuarto se llama *Piedra cúbica* y simboliza la *Realización* de los actos humanos, la obra cumplida.

El quinto se llama el *Maestro de los Arcanos* y simboliza la *Inspiración* que el hombre recibe de las potencias ocultas.

El sexto se llama las *Dos Rutas* y simboliza la *Prueba* a la que es sometida toda voluntad en presencia del Bien y del Mal.

El séptimo se llama el *Carro de Osiris* y simboliza la *Victoria*, es decir, el carro del Bien, que es el fruto de la verdad y de la justicia.

El octavo se llama *Temis* y simboliza el *Equilibrio*, por analogía con la balanza, que es el atributo de la Justicia.

El noveno se llama la *Lámpara velada* y simboliza la *Prudencia* que mantiene el equilibrio.

El décimo se llama la *Esfinge* y simboliza la *Fortuna*, feliz o desdichada, que acompaña a toda vida.

El undécimo se llama el *León domado* y simboliza la *Fuerza,* que todo hombre está llamado a conquistar por el desarrollo de sus facultades intelectuales y morales.

El duodécimo se llama *Sacrificio* y simboliza la muerte violenta.

El número trece se llama la *Guadaña* y simboliza la *Transformación* del hombre o de la de un paso a la vida futura por la muerte natural.

El número catorce se llama el *Genio solar* y simboliza la *Iniciativa* del hombre por la voluntad, por la ciencia y la acción combinadas.

El número quince se llama *Tifón* y simboliza la *Fatalidad* que nos golpea con golpes imprevistos.

El número dieciséis se llama la *Torre aniquilada* y simboliza la *Ruina* en todos los aspectos que presenta esta idea.

El número diecisiete se llama *Estrella de los Magos* y simboliza la *Esperanza* que conduce a la salud por la fe.

El número dieciocho se llama *Crepúsculo* y simboliza las *Decepciones* que nos muestran nuestra debilidad.

El número diecinueve se llama la *Luz resplandeciente* y simboliza la *Felicidad* terrenal.

El vigésimo se llama *Despertar de los muertos* y simboliza la *Renovación* que cambia el Bien en Mal o el Mal en Bien en la serie de pruebas impuestos a toda carrera.

El vigésimo primero se llama *Cocodrilo* y simboliza la *Expiación* de los errores o faltas voluntarios.

El vigésimo segundo se llama *Corona de Magos* y simboliza la *Recompensa* dada a todo hombre que ha cumplido su misión en la tierra y reflejado en ella algunos trazos de la imagen de Dios.

Ligados unos con otros sucesivamente los veintidós significados que emanan de estos símbolos, su conjunto resume en estos términos la síntesis de la Magia:

La *Voluntad* humana (I) iluminada por la *Ciencia* (II), manifestada por la *Acción* (III), crea la *Realización* (IV) de un poder, cuyo uso o abuso según su buena o mala *Inspiración* (V) en el círculo que le trazan las leyes del orden universal.

Luego de atravesar la *Prueba* (VI) que le ha sido impuesta por la Sabiduría divina, ella entra por su *Victoria* (VII) en posesión de la obra que ella ha creado, y constituyendo su *Equilibrio* (VIII) sobre el eje de la *Prudencia* (IX), ella domina las oscilaciones de la *Fortuna* (X).— La *Fuerza* (XI) del hombre, santificada por el *Sacrificio* (XII), que es la ofrenda voluntaria de sí mismo en el altar de la dedicación o de la expiación, triunfo de la Muerte; y su divina *Transformación* (XIII), elevándola de ultratumba en las regiones serenas de un progreso infinito, opone a la realidad una mortal *Iniciativa* (XIV), la eterna mentira de la *Fatalidad* (XV).— El curso del Tiempo se mide por las ruinas, pero más allá de cada *Ruina* (XVI) se ve reaparecer la aurora de la *Esperanza* (XVII) o el crepúsculo de las *Decepciones* (XVIII). El hombre aspira sin cesar aquello que le escapa, y el sol de la *Felicidad* (XIX) no se levanta para él más que detrás de la tumba luego de la *Renovación* (XX) de su ser por la muerte, que le abre una espera más alta de voluntad, de inteligencia y de acción. Toda voluntad que se deja gobernar por los instintos del cuerpo es una abdicación de la libertad y se encomienda a la *Expiación* (0) de su error o su falta.— Toda voluntad, por el contrario, que se une a Dios para manifestar la Verdad y obrar con justicia entra, en esta vida, en participación con el poder divino sobre los seres y las cosas, *Recompensa* (XXII) eterna de los Espíritus libres.

Investigaciones personales

Nuestras investigaciones personales sobre el Tarot han sido publicadas en *El Tarot de los Bohemios*,[6] al que remitimos a nuestros lectores.

Damos aquí la figura general de construcción del Tarot tal como la hemos establecido con nuestras nuevas investigaciones.

En esta figura puede verse que el centro está ocupado por el Arcano 22, que resume toda la construcción.

Los Arcanos mayores están en el centro y los menores en la periferia.

Los números correspondientes a cada Arcano menor de las figuras están colocados debajo de esa figura.

Así los números 1 - 4 - 7 corresponden al Rey, los números 2 - 5 - 8 a la Reina, los números 3 - 6 - 9 al Caballo y el 10 a la Sota.

Los bastos comienzan por los Reyes, las copas por las Reinas y así sucesivamente.

Los Arcanos mayores están dispuestos de tal manera que el Arcano colocado arriba reproduce, por adición teosófica, el número del Arcano colocado debajo.

Así el Arcano 12 da por adición Uno más Dos o Tres, que es el número del Arcano colocado debajo.

Todos los detalles podrán encontrarse en nuestro estudio sobre el *Tarot de los Bohemios*.

---

6 *El Tarot de los Bohemios,* clave absoluta de la ciencia oculta, el más antiguo libro del mundo, para el uso exclusivo de los Iniciados, 2ª edición aumentada con una parte del *Tarot Filosófico.*

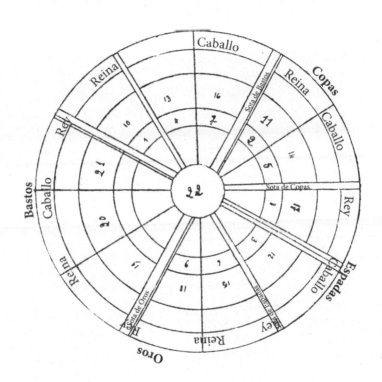

Clave general del Tarot según las investigaciones de Papus.
Correspondencias y situación de los Arcanos.

ARCANOS MAYORES

EL MAGO

1

LE BATELEUR

Francés

Hebreo

Sánscrito

Egipcio

Arqueómetro
Saint-Ives

Letra madre

Centro del cielo

Visible e invisible

Principio-Esencia Divina
La Tierra
El Hombre. El Padre.

LA SACERDOTISA

2 =

B
Francés

ﬢ
Hebreo

ब
Sánscrito

Egipcio

Arqueómetro
Saint-Ives

Letra Doble

La Luna

LA PAPESSE

La Substancia Divina
El Aire
La Mujer. La Madre

LA EMPERATRIZ

3 △

G

Francés

Letra Doble

Hebreo

Sánscrito

Egipcio

Venus

Arqueómetro
Saint-Ives

La Naturaleza Divina

El agua. El Mercurio de los Sabios
La Generación

EL EMPERADOR

+4 □

D
Francés

٦
Hebreo

ζ
Sánscrito

Egipcio

2
Arqueómetro
Saint-Ives

♃
Júpiter

L'EMPEREVR

La Forma
El Fuego "La cruz filosófica"
La Autoridad
La Protección

EL SUMO SACERDOTE

Francés

Hebreo

Sánscrito

Egipcio

Arqueómetro
Saint-Ives

LE PAPE

Aries

20 de marzo

El magnetismo Universal   (Ciencia del Bien y del Mal)

La Quinta-Esencia

La Religión

LOS ENAMORADOS

Francés

Hebreo

Sánscrito

Egipcio

Arqueómetro
Saint-Ives

Tauro

20 de abril

L´AMOVREVX

La Creación

El Dios Universal (Médium de las fuerzas)

La Libertad

EL CARRO

Francés

Hebreo

Sánscrito

Egipcio

Arqueómetro
Saint-Ives

Géminis
20 de mayo

LE CHARIOT

Espíritu y Forma
La Victoria y Triunfo
Propiedad

LA JUSTICIA

8

H
Francés

ה
Hebreo

Sánscrito

HI · D D
Egipcio

ꝑ
Arqueómetro
Saint-Ives

LA JVSTICE

Cáncer

20 de junio

Equilibrio Universal
Repartición
Justicia.

LA RUEDA DE LA FORTUNA

10

I Y

Francés

ל

Hebreo

Sánscrito

ρ. ∩∩

Egipcio

Arqueómetro Saint-Ives

LA ROVE DE FORTVNE

♍︎

Virgo

20 de Agosto

El Reino de Dios
El Orden
La Fortuna

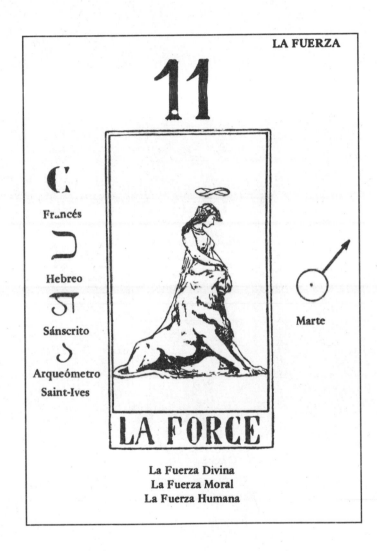

EL COLGADO

12

Francés

Hebreo

Sánscrito

Egipcio

Arqueómetro
Saint-Ives

LE PENDV

Libra

20 de Septiembre

El Cumplimiento
El Sacrificio y Moral
El Sacrificio Físico

LA MUERTE

13

M

Francés

Hebreo

Sánscrito

Egipcio

Arqueómetro
Saint-Ives

Letra
Madre

LA MORT

La Inmortalidad por Cambio
La Muerte y el Renacimiento
La Transmutación de las Fuerzas

LA TEMPLANZA

14

LA TEMPERANCE

Francés

Hebreo

Sánscrito

Egipcio

Arqueómetro
Saint-Ives

Escorpio

20 de Octubre

Reversibilidad
La Armonía de los Mixtos
La Templanza

LA TORRE

16

OV
Francés

Hebreo

Sánscrito

Egipcio

Arqueómetro
Saint-Ives

Capricornio

20 de Diciembre

LA MAISONDIEU

Destrucción por antagonismo
Equilibrio Material Destruido
Ruina Catástrofe

LA ESTRELLA

17

Ph.
Francés

Hebreo

Sánscrito

Egipcio

Arqueómetro
Saint-Ives

Mercurio

L'ETOILE

Las Fuerzas Divinas Naturales
La Naturaleza
Fecundidad

LA LUNA

18

T s

Francés

Hebreo

Sánscrito

Egipcio

Arqueómetro
Saint-Ives

LA LVNE

Acuario

20 de Enero

Distribución jerárquica (Luz)
Las fuerzas ocultas
Los enemigos ocultos.

EL SOL

Francés

Hebreo

Sánscrito

Egipcio

Arqueómetro
Saint-Ives

Piscis

20 de Febrero

LE SOLEIL.

La verdadera Luz
El Oro filosófico
La Verdad Fecunda

EL JUICIO

20

R

Francés

ך

Hebreo

ζ

Sánscrito

/

**Arqueómetro
Saint-Ives**

LE JUGEMENT

ђ

Saturno

Protección de las Fuerzas Divinas

Renacimiento Moral

Cambio de situación

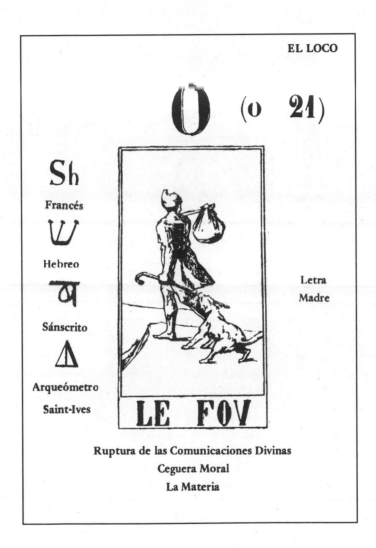

EL LOCO

0 (o 21)

Sh
Francés

ᗡ
Hebreo

व
Sánscrito

△
Arqueómetro
Saint-Ives

Letra
Madre

LE FOV

Ruptura de las Comunicaciones Divinas
Ceguera Moral
La Materia

EL MUNDO

(21 o) 22

Th
Francés

ל
Hebreo

ツ
Sánscrito

〱 ✍
Egipcio

〱
Arqueómetro
Saint-Ives

L E MONDE

El Sol

El Absoluto
Realización de Grandes Obras
Triunfo Cierto

Arcanos menores

He aquí la disposición de los Arcanos menores. En el centro, el dibujo reconstruido por Gabriel Goulinat, según los documentos egipcios y los trabajos personales del Éliphas Lévi.

Los grabados anexos, debajo de cada lámina, son reproducciones de talismanes secretos de Éliphas Lévi.

Alrededor de la figura, la carta está dividida en cuatro partes: arriba, abajo, derecha e izquierda.

Arriba se encuentra el significado adivinatorio según Etteilla, para cada carta en su posición natural; abajo, el significado para la carta invertida.

Para más detalles, bastará remitirse a los trabajos de d'Odoucet en el Capítulo VI de este libro.

A la derecha encontramos todo lo que concierne al tiempo exacto, innovación muy importante para echar los Tarot. Primero está la correspondencia de días y meses, de 10 en 10 días. Después, la correspondencia de los cuartos de la luna, día por día.[7] Y, por último, la correspondencia de las horas de cada día.

---

7 P. C. = primer cuarto; L. L. = luna llena; U. C. = último cuarto; L. N. = luna nueva. [T.]

Así, por ejemplo, el As de Bastos corresponde del 1º al 10 de marzo para el sol, al primer día del cuarto de la luna y a las 6 de la mañana para el día. Otras correspondencias están anunciadas abajo y a la derecha.

A la izquierda se encuentra la correspondencia del Tarot filosófico, según ha sido determinada por Éliphas Lévi: es la relación entre *El Tarot Adivinatorio* y nuestra obra sobre *El Tarot de los Bohemios*.

Nota del Editor

La última carta de los Arcanos mayores lleva el nº 22, lo mismo que la primera carta de los Arcanos menores.

Lo cual nos da este total:

— 22 Arcanos mayores numerados del 1 al 22 inclusive
— 56 Arcanos menores numerados del 22 al 77 inclusivo

Es decir, un total de 78 cartas.

22

D'Etteïla

Rey de Bastos

Jefe

Rey del Cetro

Hombre de
voluntad
y
empresa

iod-iod

EL PADRE

Hombre
moreno

BB

REY DE BASTOS

23

D'Ettella

Reina de Bastos

Mujer de
empresa

Mujer morena

BN

iod-hé

LA ESPOSA
DEL PADRE

REINA DE BASTOS

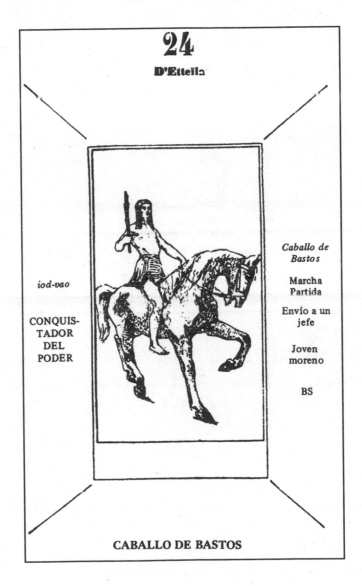

24

D'Etteila

Caballo de
Bastos

Marcha
Partida

Envío a un
jefe

Joven
moreno

BS

iod-vao

CONQUIS-
TADOR
DEL
PODER

CABALLO DE BASTOS

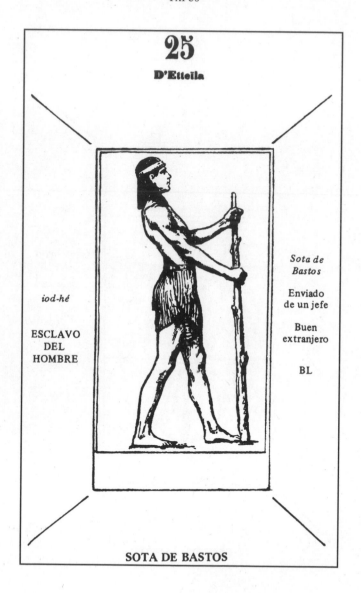

25

D'Etteila

iod-hé

ESCLAVO
DEL
HOMBRE

*Sota de
Bastos*

Enviado
de un jefe

Buen
extranjero

BL

SOTA DE BASTOS

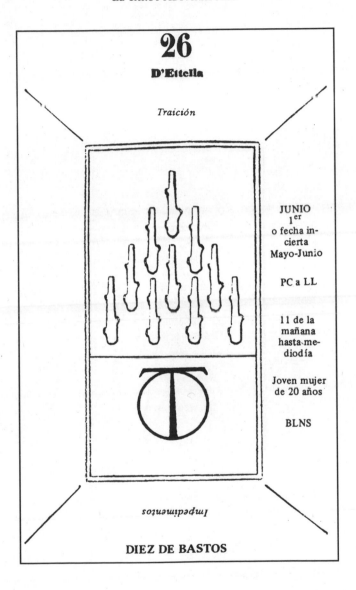

26

D'Ettella

Traición

JUNIO
1er
o fecha in-
cierta
Mayo-Junio

PC a LL

11 de la
mañana
hasta medio-
día

Joven mujer
de 20 años

BLNS

Impedimentos

DIEZ DE BASTOS

333

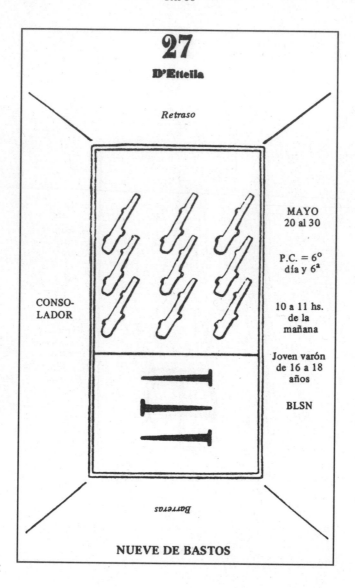

27

D'Etteila

Retraso

MAYO
20 al 30

P.C. = 6°
día y 6ª

CONSO-
LADOR

10 a 11 hs.
de la
mañana

Joven varón
de 16 a 18
años

BLSN

Barreras

NUEVE DE BASTOS

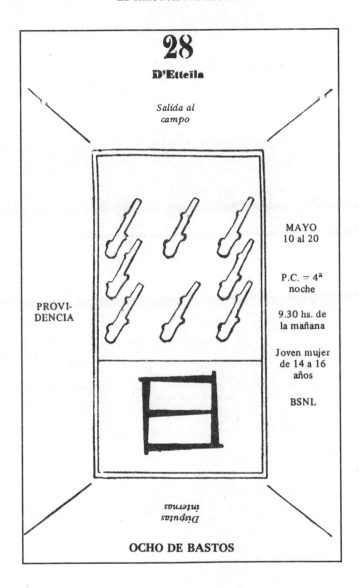

28

D'Etteila

Salida al campo

MAYO
10 al 20

P.C. = 4ª
noche

9.30 hs. de
la mañana

Joven mujer
de 14 a 16
años

BSNL

PROVI-
DENCIA

Disputas
internas

OCHO DE BASTOS

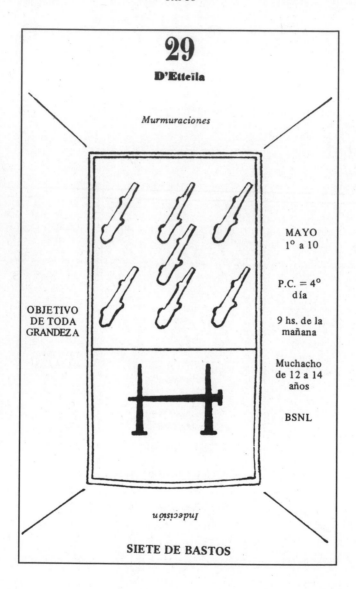

29

D'Etteïla

Murmuraciones

MAYO
1° a 10

P.C. = 4°
día

9 hs. de la
mañana

OBJETIVO
DE TODA
GRANDEZA

Muchacho
de 12 a 14
años

BSNL

Indecisión

SIETE DE BASTOS

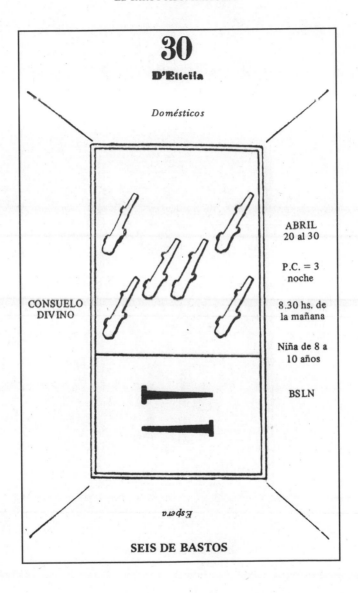

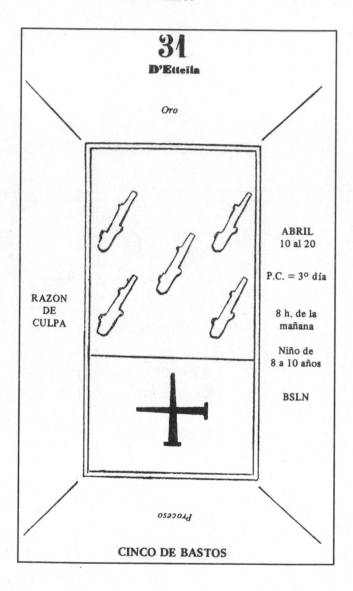

31
D'Etteila

Oro

ABRIL
10 al 20

P.C. = 3º día

8 h. de la
mañana

Niño de
8 a 10 años

BSLN

RAZON
DE
CULPA

Proceso

CINCO DE BASTOS

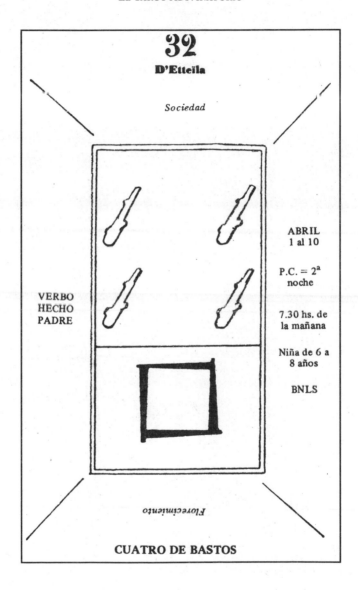

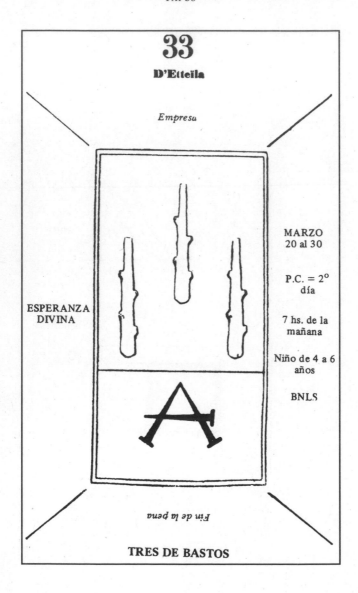

33

D'Etteila

Empresa

MARZO
20 al 30

P.C. = 2°
día

7 hs. de la
mañana

Niño de 4 a 6
años

BNLS

ESPERANZA
DIVINA

A

Fin de la pena

TRES DE BASTOS

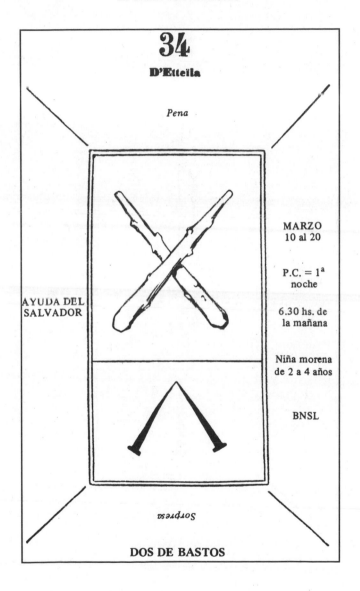

34

D'Etteila

Pena

MARZO
10 al 20

P.C. = 1ª
noche

AYUDA DEL
SALVADOR

6.30 hs. de
la mañana

Niña morena
de 2 a 4 años

BNSL

Sorpresa

DOS DE BASTOS

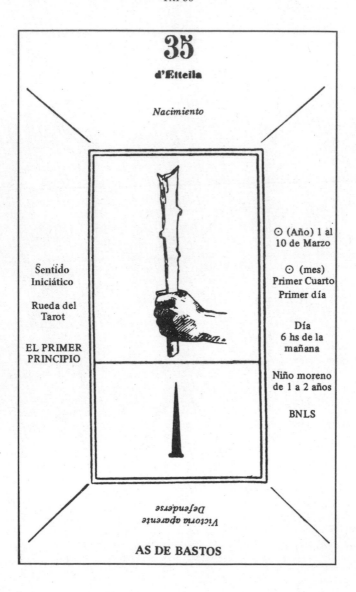

35

d'Etteila

Nacimiento

⊙ (Año) 1 al
10 de Marzo

⊙ (mes)
Primer Cuarto
Primer día

Sentido
Iniciático

Rueda del
Tarot

EL PRIMER
PRINCIPIO

Día
6 hs de la
mañana

Niño moreno
de 1 a 2 años

BNLS

Victoria aparente
Defenderse

AS DE BASTOS

36

D'Etteila

Rey de Copas

Magistrado

Hombre rubio

Hombre afe-
minado

NB

hé-iod

ESPOSO
DE LA
MADRE

REY DE COPAS

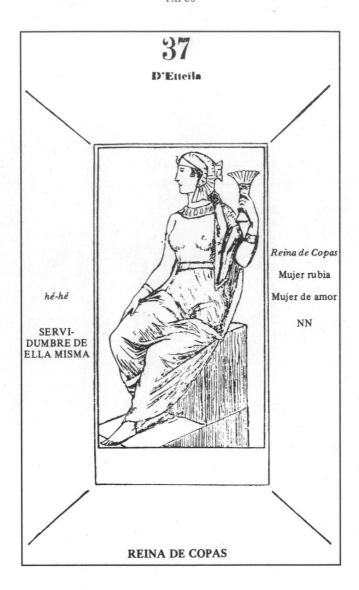

37

D'Etteila

Reina de Copas

Mujer rubia

Mujer de amor

NN

hé-hé

SERVI-
DUMBRE DE
ELLA MISMA

REINA DE COPAS

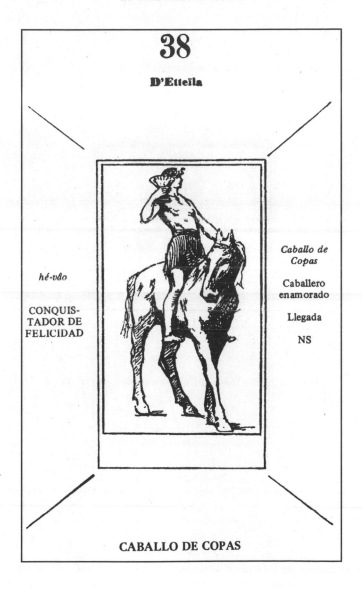

38

D'Etteila

hé-vâo

CONQUIS-
TADOR DE
FELICIDAD

*Caballo de
Copas*

Caballero
enamorado

Llegada

NS

CABALLO DE COPAS

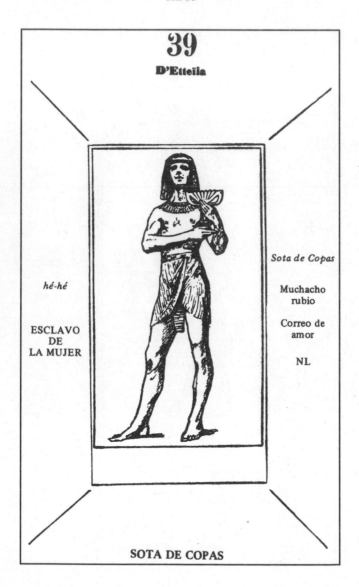

39
D'Etteila

Sota de Copas

hé-hé

Muchacho
rubio

Correo de
amor

**ESCLAVO
DE
LA MUJER**

NL

SOTA DE COPAS

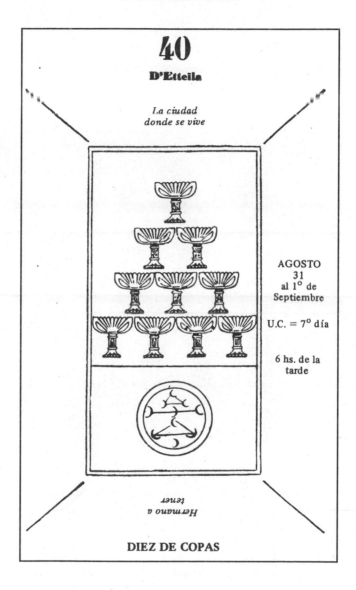

40

D'Etteila

*La ciudad
donde se vive*

AGOSTO
31
al 1° de
Septiembre

U.C. = 7° día

6 hs. de la
tarde

*Hermano a
tener*

DIEZ DE COPAS

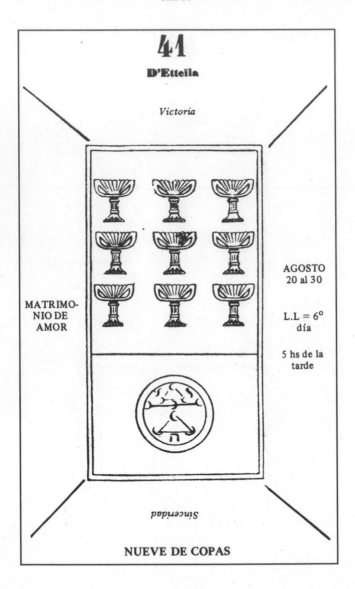

41

D'Etteila

Victoria

AGOSTO
20 al 30

L.L = 6°
día

5 hs de la
tarde

MATRIMO-
NIO DE
AMOR

Sinceridad

NUEVE DE COPAS

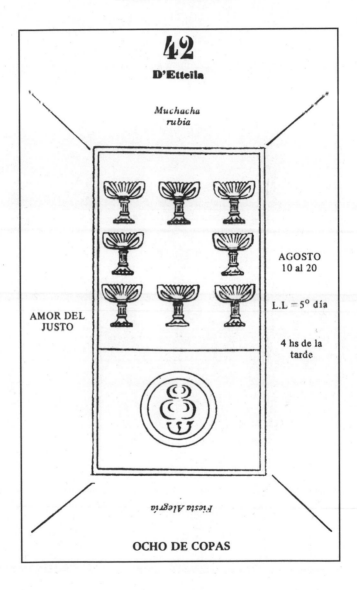

42

D'Etteila

Muchacha rubia

AGOSTO
10 al 20

L.L — 5º día

4 hs de la tarde

AMOR DEL
JUSTO

Fiesta Alegría

OCHO DE COPAS

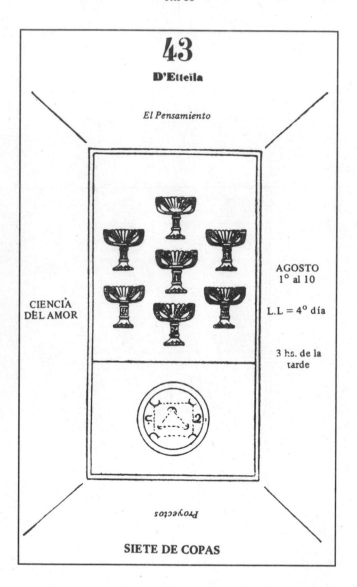

43

D'Etteïla

El Pensamiento

AGOSTO
1° al 10

CIENCIA
DEL AMOR

L.L = 4° día

3 hs. de la
tarde

Proyectos

SIETE DE COPAS

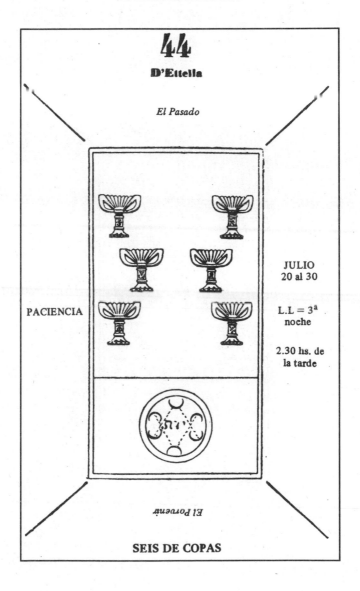

44

D'Ettella

El Pasado

PACIENCIA

JULIO
20 al 30

L.L = 3ª
noche

2.30 hs. de
la tarde

El Porvenir

SEIS DE COPAS

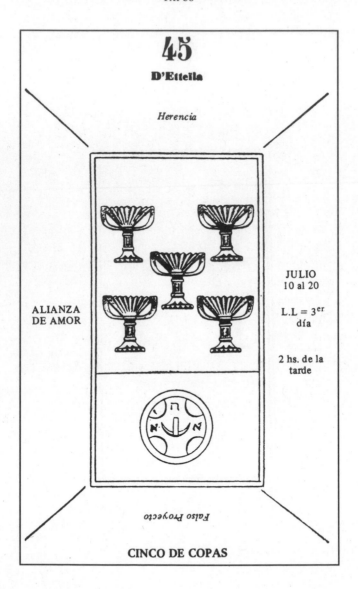

45

D'Etteila

Herencia

JULIO
10 al 20

L.L = 3er
día

2 hs. de la
tarde

ALIANZA
DE AMOR

Falso Proyecto

CINCO DE COPAS

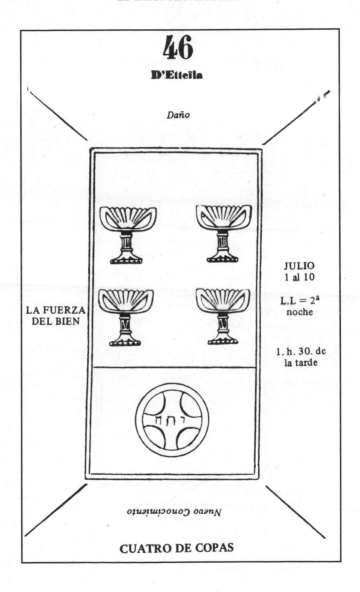

46

D'Etteila

Daño

LA FUERZA
DEL BIEN

JULIO
1 al 10

L.L = 2ª
noche

1. h. 30. de
la tarde

Nuevo Conocimiento

CUATRO DE COPAS

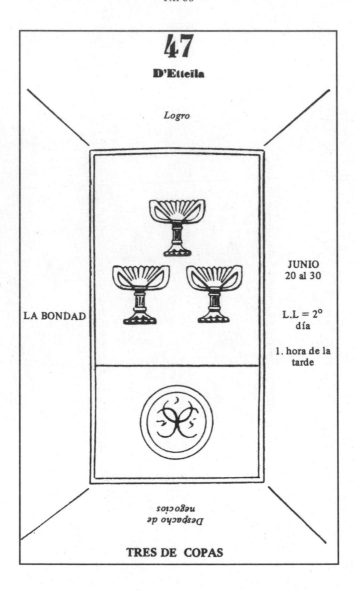

47

D'Etteila

Logro

LA BONDAD

JUNIO
20 al 30

L.L = 2°
día

1. hora de la
tarde

Despacho de
negócios

TRES DE COPAS

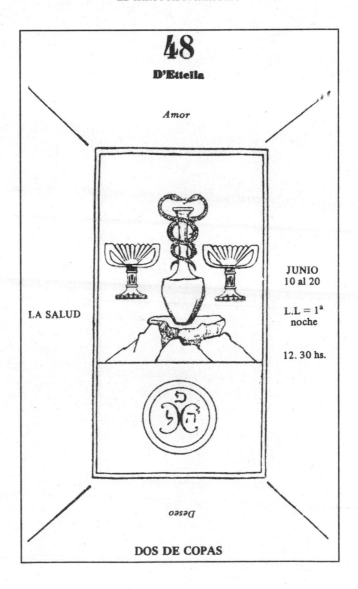

48

D'Etteila

Amor

LA SALUD

JUNIO
10 al 20

L.L = 1ª
noche

12. 30 hs.

Deseo

DOS DE COPAS

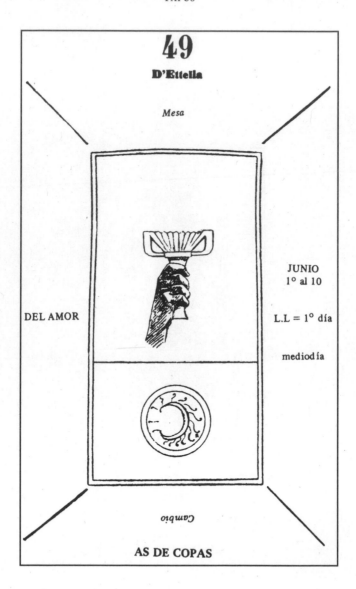

49

D'Ettella

Mesa

DEL AMOR

JUNIO
1° al 10

L.L = 1° día

mediodía

Cambio

AS DE COPAS

50

D'Etteila

vao-ioa

**EL PRINCIPE
DEL AMOR**

*Rey de
Espadas*

Hombre de
lucha de
Acción

Hombre de
Justicia

Hombre
moreno o
Pelirrojo

SB

REY DE ESPADAS

51

D'Ettella

vâo-hé

PRINCESA
DE AMOR

*Reina de
Espadas*

Mujer de
Acción

Mujer viuda
o que actúa
por ella
misma

SN

REINA DE ESPADAS

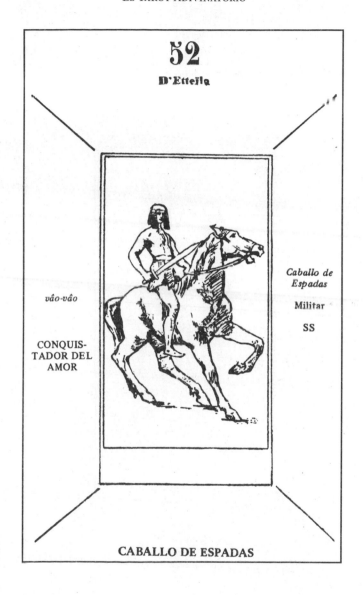

CABALLO DE ESPADAS

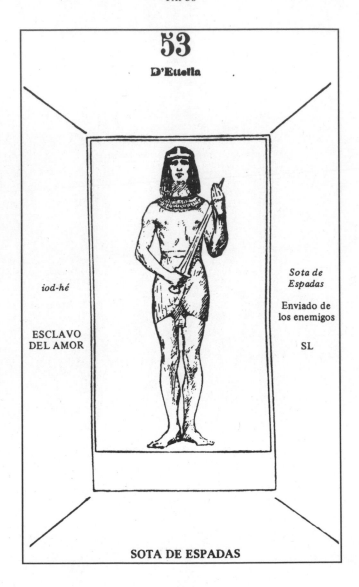

53

D'Ettella

iod-hé

ESCLAVO
DEL AMOR

*Sota de
Espadas*

Enviado de
los enemigos

SL

SOTA DE ESPADAS

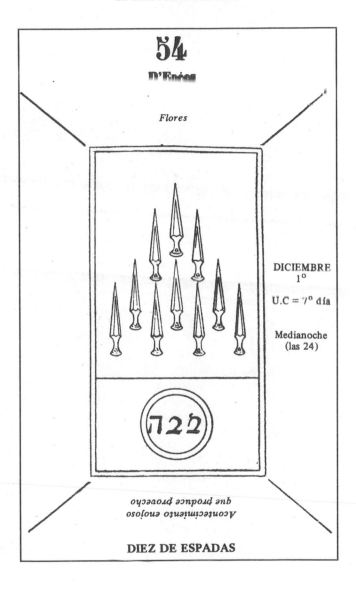

54

D'Enées

Flores

DICIEMBRE
1°

U.C = 7° día

Medianoche
(las 24)

עשר

*Acontecimiento enojoso
que produce provecho*

DIEZ DE ESPADAS

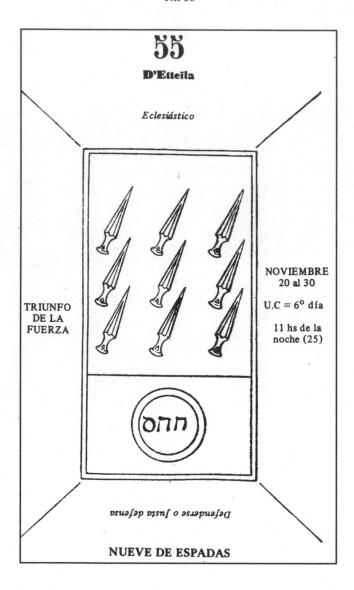

55

D'Etteila

Eclesiástico

NOVIEMBRE
20 al 30

U.C = 6º día

11 hs de la
noche (25)

TRIUNFO
DE LA
FUERZA

חחס

Defenderse o Justa defensa

NUEVE DE ESPADAS

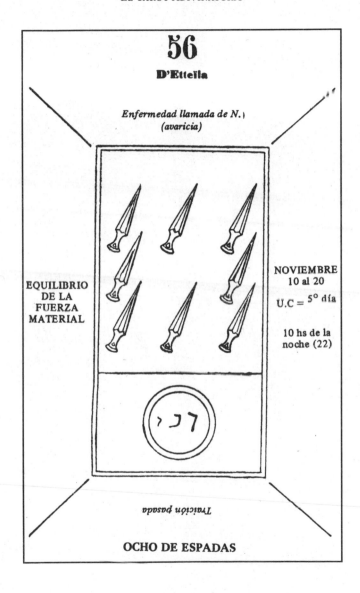

56

D'Etteila

Enfermedad llamada de N.
(avaricia)

EQUILIBRIO
DE LA
FUERZA
MATERIAL

NOVIEMBRE
10 al 20

U.C = 5° día

10 hs de la
noche (22)

Traición pasada

OCHO DE ESPADAS

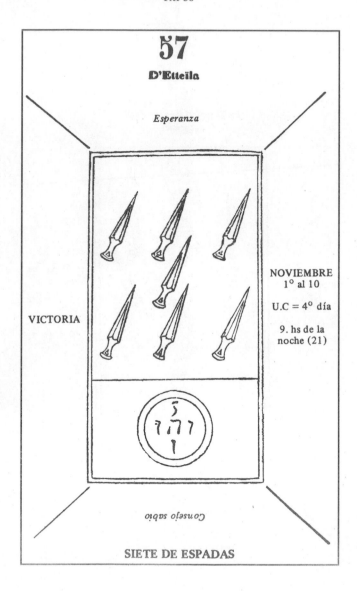

57

D'Etteila

Esperanza

VICTORIA

NOVIEMBRE
1° al 10

U.C = 4° día

9. hs de la
noche (21)

Consejo sabio

SIETE DE ESPADAS

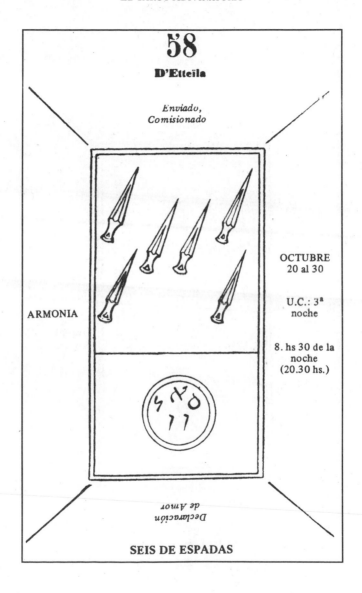

58

D'Etteila

*Enviado,
Comisionado*

OCTUBRE
20 al 30

U.C.: 3ª
noche

ARMONIA

8. hs 30 de la
noche
(20.30 hs.)

*Declaración
de Amor*

SEIS DE ESPADAS

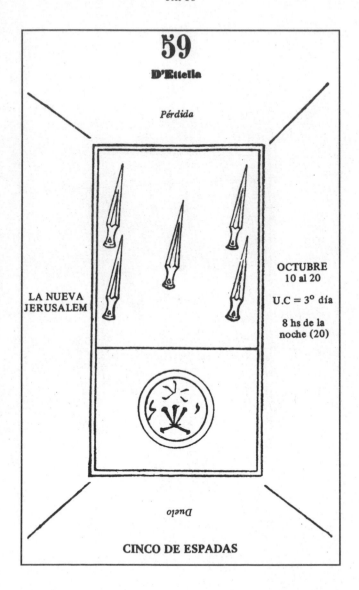

59

D'Ettella

Pérdida

OCTUBRE
10 al 20

U.C = 3° día

8 hs de la
noche (20)

LA NUEVA
JERUSALEM

Duelo

CINCO DE ESPADAS

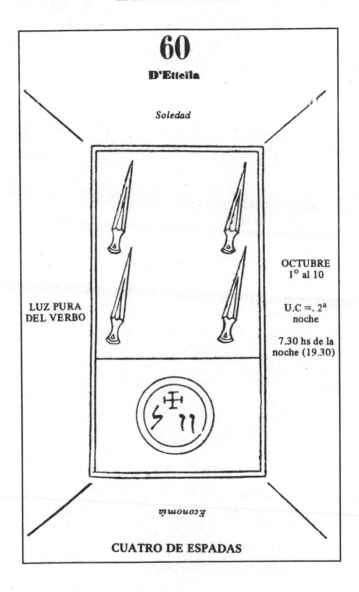

60

D'Etteila

Soledad

OCTUBRE
1° al 10

U.C =. 2ª
noche

7.30 hs de la
noche (19.30)

LUZ PURA
DEL VERBO

Economía

CUATRO DE ESPADAS

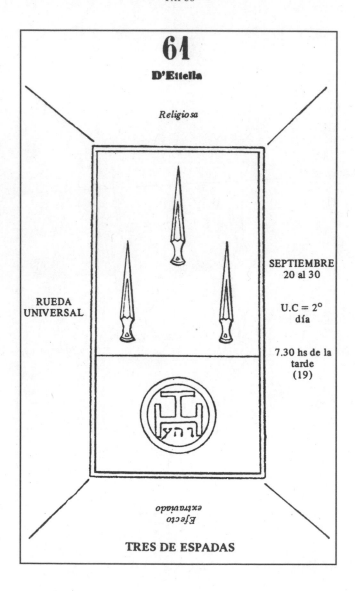

61

D'Ettella

Religiosa

RUEDA
UNIVERSAL

SEPTIEMBRE
20 al 30

U.C = 2°
día

7.30 hs de la
tarde
(19)

*Efecto
extraviado*

TRES DE ESPADAS

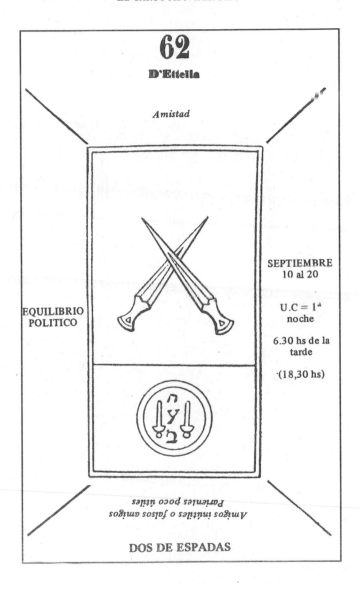

62

D'Etteila

Amistad

EQUILIBRIO
POLITICO

SEPTIEMBRE
10 al 20

U.C = 1ª
noche

6.30 hs de la
tarde

·(18,30 hs)

Amigos inútiles o falsos amigos
Parientes poco útiles

DOS DE ESPADAS

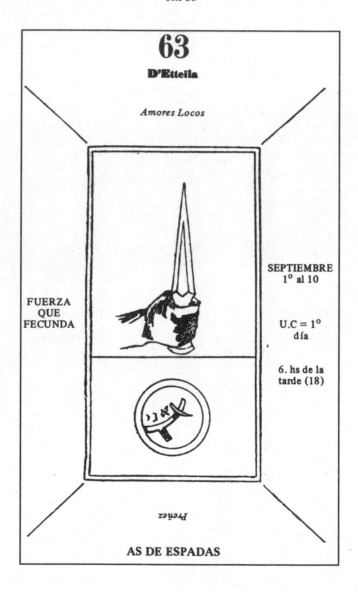

64

D'Etteila

EL PADRE
CREADOR

Rey de Oros

Hombre de
hogar

Hombre
castaño-claro

Comerciante

LB

REY DE OROS

65

D'Etteila

NIÑERA

Reina de Oros

Mujer de
Hogar

Comerciante

Mujer rica

LN

REINA DE OROS

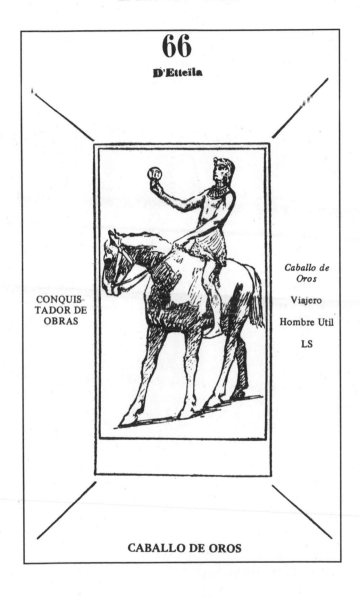

66

D'Etteïla

CONQUIS-
TADOR DE
OBRAS

*Caballo de
Oros*

Viajero

Hombre Util

LS

CABALLO DE OROS

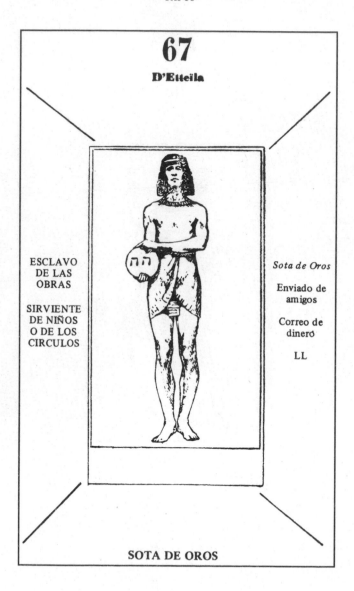

67

D'Etteila

ESCLAVO
DE LAS
OBRAS

SIRVIENTE
DE NIÑOS
O DE LOS
CIRCULOS

Sota de Oros

Enviado de
amigos

Correo de
dinero

LL

SOTA DE OROS

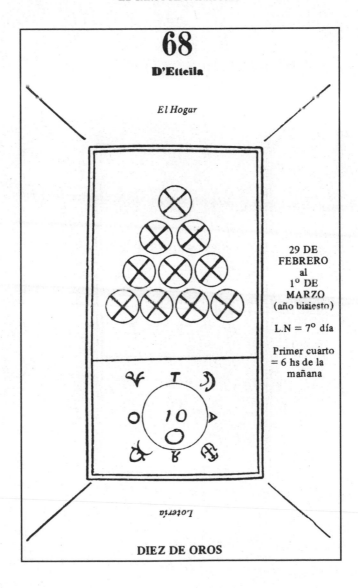

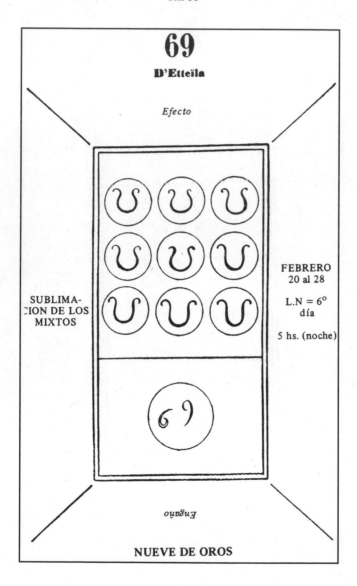

69

D'Etteïla

Efecto

SUBLIMA-
CION DE LOS
MIXTOS

FEBRERO
20 al 28

L.N = 6°
día

5 hs. (noche)

Engaño

NUEVE DE OROS

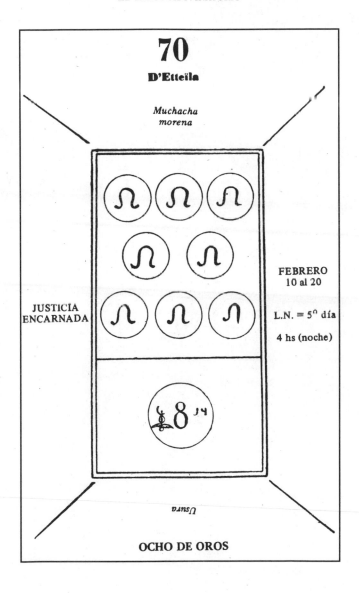

70

D'Etteïla

Muchacha morena

JUSTICIA ENCARNADA

FEBRERO
10 al 20

L.N. = 5° día

4 hs (noche)

 Usura

OCHO DE OROS

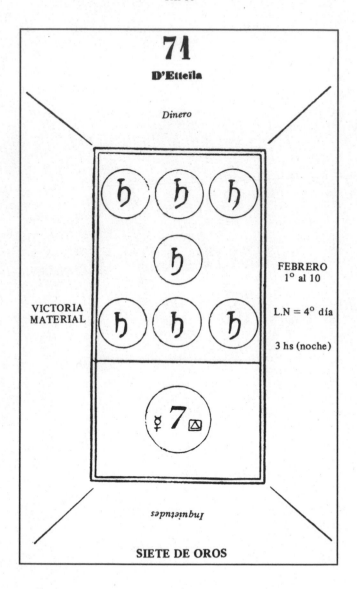

71

D'Etteila

Dinero

FEBRERO
1° al 10

VICTORIA
MATERIAL

L.N = 4° día

3 hs (noche)

Inquietudes

SIETE DE OROS

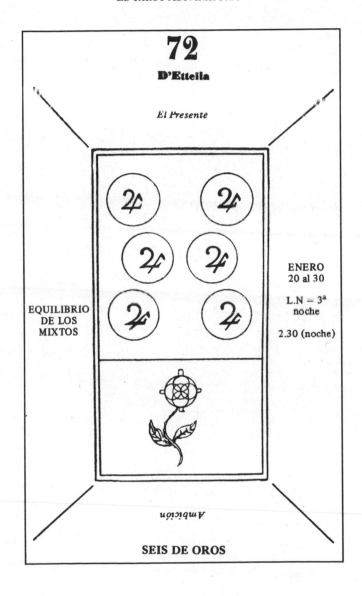

72

D'Etteila

El Presente

EQUILIBRIO
DE LOS
MIXTOS

ENERO
20 al 30

L.N = 3ª
noche

2.30 (noche)

Ambición

SEIS DE OROS

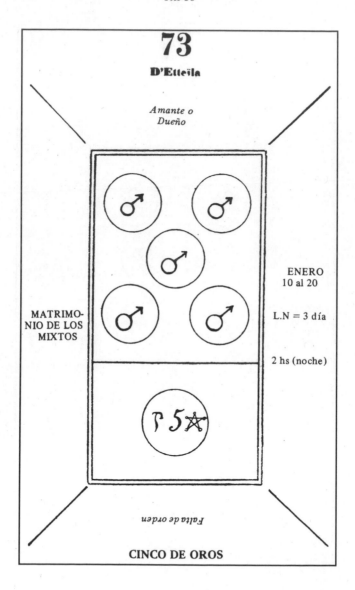

73

D'Etteïla

Amante o Dueño

MATRIMO-
NIO DE LOS
MIXTOS

ENERO
10 al 20

L.N = 3 día

2 hs (noche)

ℛ 5 ✶

Falta de orden

CINCO DE OROS

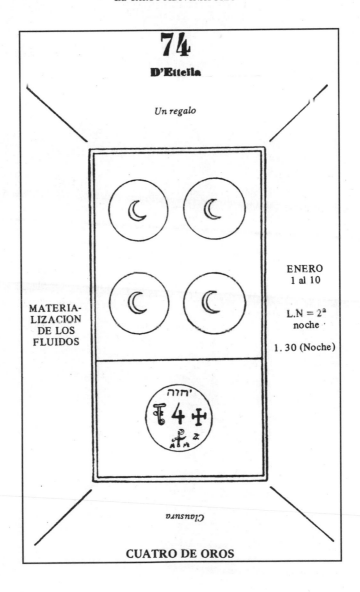

74

D'Etteila

Un regalo

ENERO
1 al 10

L.N = 2^a
noche

1. 30 (Noche)

MATERIA-
LIZACION
DE LOS
FLUIDOS

Clausura

CUATRO DE OROS

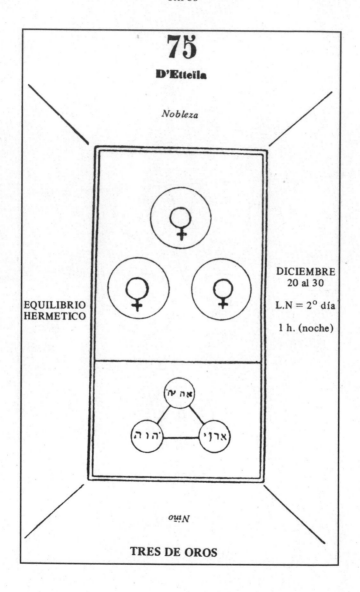

75

D'Etteila

Nobleza

EQUILIBRIO
HERMETICO

DICIEMBRE
20 al 30

L.N = 2° día

1 h. (noche)

Niño

TRES DE OROS

382

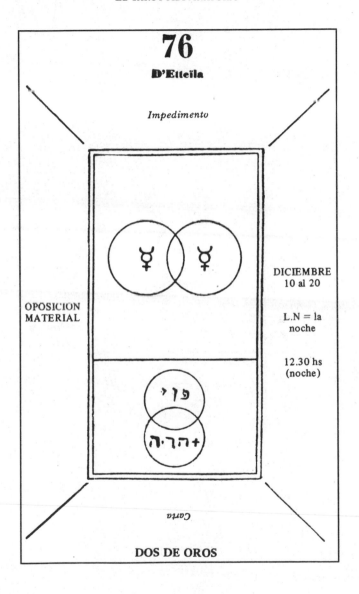

76
D'Etteila

Impedimento

OPOSICION
MATERIAL

DICIEMBRE
10 al 20

L.N = la
noche

12.30 hs
(noche)

Carta

DOS DE OROS

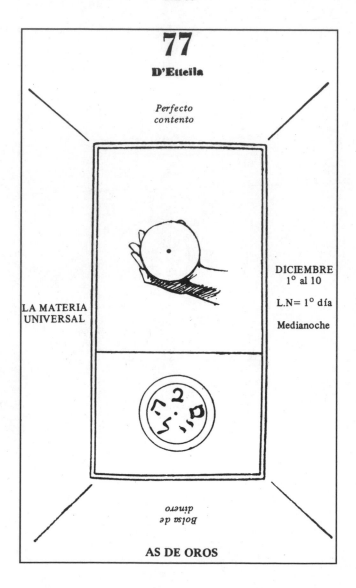